V&R

Stephanie Witt-Loers

Trauernde Jugendliche in der Schule

Vandenhoeck & Ruprecht

Bibliografische Information der Deutschen Nationalbibliothek

Die Deutsche Nationalbibliothek verzeichnet diese Publikation in der Deutschen Nationalbibliografie; detaillierte bibliografische Daten sind im Internet über http://dnb.d-nb.de abrufbar.

ISBN 978-3-525-77008-5
ISBN 978-3-647-77008-6 (E-Book)

Umschlagabbildung: Marius Graf/fotolia.com

Printed in Germany.

Satz: SchwabScantechnik, Göttingen
Druck und Bindung: ⊕ Hubert & Co., Göttingen

Gedruckt auf alterungsbeständigem Papier.

Inhalt

Vorwort

Dies ist ein wichtiges Buch – es handelt vom Umgang mit Jugendlichen nach dem Tod eines Angehörigen oder Klassenkameraden. Das ist ein schwieriges Thema, zum einen, weil es unangenehm ist, sich präventiv mit dem Thema Tod und Verlust auseinanderzusetzen, zum anderen, weil das Thema Tod und Verlust so gar nicht zu einer lebensfrohen Haltung passen will, die wir als Eltern oder Pädagogen unseren Kindern und Jugendlichen vermitteln wollen. Tod, Verlust und dadurch erfahrenes Leid sind zudem Themen, die in der gegenwärtigen Gesellschaft wenig Platz finden. Wenn aber solche Ereignisse stattfinden reagieren viele hilflos, rufen schnell nach professioneller Hilfe oder reagieren übertrieben mit irgendwelchem Aktivismus. Diese Haltung verstärkt sich, wenn die Zielpersonen Jugendliche oder Kinder sind. Ich habe selbst erlebt, dass sich Eltern und andere Erziehungsberechtigte aktiv dagegen gewehrt haben, dass wir Kinder und Jugendliche zu ihren Trauerreaktionen befragen wollten; offensichtlich herrscht weithin die Annahme, dass Kinder und Jugendliche sich möglichst wenig mit dem Verlust konfrontieren sollten, weil sie sonst einen Schaden nehmen würden, Stichwort »Retraumatisierung«.

Das vorliegende Buch von Frau Stephanie Witt-Loers ist hervorragend dazu geeignet, sich dieser Vorurteile zu entledigen. Klar geschrieben wird den Lesern vermittelt, dass Jugendliche sehr gut mit solchen Erfahrungen umgehen können. Allerdings brauchen sie dazu eine unterstützende Haltung, manchmal auch eine Anleitung, manchmal schlicht nur die Information, dass das, was sie gerade erleben, normal ist und keineswegs ein Anzeichen dafür, dass sie »durchdrehen« oder bereits »verrückt« geworden sind. Die Nachricht, dass ein Elternteil, ein Geschwister oder ein nahestehender Klassenkamerad ums Leben gekommen ist, sich vielleicht sogar suizidiert hat, wird zunächst nicht verstanden. Jugendliche unterscheiden sich in dieser Hinsicht nicht von anderen Betroffenen: Hier mit Verständnis zu reagieren, gerade wenn man selbst betroffen ist, erfordert nicht nur ein hohes Maß an Einfühlungsvermögen, sondern auch Fachwissen. Dieses Fachwissen wird in dem vorliegenden Buch auf eine Weise vermittelt, die weder belehrend noch moralisierend ist, sondern unmittelbar praxisbezogen daherkommt. Es handelt sich im besten Sinn weder um ein »Fachbuch« noch um einen Ratgeber im üblichen Sinn: Vielmehr handelt es sich um ein Handbuch im Umgang mit extremen Situationen im Schulalltag. Auf geradezu erfrischende Art wird vermittelt, welche Reaktionen für Jugendliche typisch und in welchen unterschiedlichen Lebenswelten sie zuhause sind. Kinder und Jugendliche können auf andere verständnisvoll aber auch sehr grausam reagieren, Trauer und Leid können soziale Ausgrenzungen zur Folge haben, gerade weil Jugendliche mit Verlusten oft weitere Folgen als Konsequenz tragen müssen wie beispielsweise die Versetzung in ein Heim, Schulwechsel oder den Verlust der eigenen Peer-Gruppe. Die Beispiele, die in diesem Buch vorkommen, eignen sich hervorragend dazu, das eigene Sensorium für mögliche Problematiken zu schärfen und anhand genannter Kriterien potentielle Problemfälle früher zu erkennen und Hilfe zu organisieren.

Das Buch ist aber nicht so zu verstehen, dass Jugendliche sich nicht oft selbst gut zu helfen wissen; gerade Jugendlichen ist ein hohes Maß an Kreativität eigen, welche zur Verarbeitung des Verlustes genutzt werden kann. Das Buch bleibt nicht bei der Theorie stehen – die übrigens sehr gut, klar und bündig vermittelt wird – sondern bietet Hilfestellungen und bezogen auf die Schulsituation einen ganzen Katalog an Interventionen und nützlichen Werkzeugen.

Das vorliegende Buch vermittelt auf eine sympathische Weise das Grundwissen möglicher Reaktionen auf einen Verlust und geht auf die wichtigsten Ergebnisse der Trauerforschung ein, ohne sich in wissenschaftliche Details zu verlieren. Besonderes Gewicht wird dabei auf die Situation von Jugendlichen in der Schule gelegt, die sich in einer Lebensphase der ständigen Neuorientierung befinden, sich sozial bewähren müssen und neben der schulischen Herausforderung auch mit den eigenen Veränderungen auseinandersetzen müssen. Kritische Lebensereignisse wie der Tod eines Angehörigen oder Freundes können in dieser vulnerablen Phase besonders viel Schaden anrichten, sind aber auch eine Quelle des Wachstums und des Verständnisses einer komplexen Welt, die auch den Tod einschließt. Ein Verlust fördert die Auseinandersetzung mit Sinnfragen und kann auch spirituell öffnen. Nach Frau Witt-Loers kommt den unterstützenden Personen hier eine besondere Verantwortung zu, diese Neuorientierung zu fördern ohne diese zu beeinflussen. In einer multikulturellen Gesellschaft ist es wichtig, das Vertrauen nicht auszunützen, sondern im besten Sinn zum Wohl der betroffenen Personen zu verwenden. Diese Haltung ist besonders in den Kapiteln spürbar, wo es um konkrete Anweisungen und Hilfestellungen geht, die in der Schule zur Trauerverarbeitung eingesetzt werden können. Immer wieder wird in diesen Abschnitten deutlich, über welch großen Erfahrungsschatz im Umgang mit betroffenen Kindern und Jugendlichen, wie auch mit den Strukturen der Schule und anderen Organisationen die Autorin verfügt. Dies in Kombination mit einem auf dem aktuellen Forschungsstand basierendem Sachwissen und einer im wahrsten Sinn humanitären Haltung macht den Wert dieses Buches aus. Es ist ein Buch, dass in allen Lehrerzimmern stehen sollte, es ist ein Buch, in dem viel Praxiswissen steckt und das die Situationen zu strukturieren hilft, die im ersten Moment chaotisch wirken und äußerste Hilflosigkeit verursachen. Frau Witt-Loers versteht es, die Leser dieses Buches zu ermutigen, Tod und Verlust als Teil der Lebens- und Erfahrungswelt zu begreifen und damit auch betroffenen Jugendlichen zu helfen, diese ihre Erfahrung zu integrieren und damit zurecht zu kommen. Das Buch ermutigt, sich dieser schwierigen Erfahrung emotional zuzuwenden und wird dadurch zur echten Hilfe für betroffene Jugendliche.

Bern, September 2012

Prof. Dr. Hans Jörg Znoj
(Klinische Psychologie und Psychotherapie, Universität Bern)

Mein Bruder ist gestorben – Erfahrungen einer Schülerin

Als bei meinem Bruder Jan Krebs diagnostiziert wurde, dachte in meiner Familie keiner daran, dass er den Kampf verlieren würde. Nach anfangs scheinbar erfolgreicher Therapie kam der Krebs wieder. Ende des Jahres 2006 passierte dann das Schlimmste, was ich mir vorstellen konnte. Mein Bruder Jan starb. Mit diesem Tag hat sich das ganze Leben für meine Familie und mich verändert. Was neben dem Schmerz des Verlusts oftmals erschwerend zum Alltag hinzukommt, sind verletzende Kommentare und Verhaltensweisen von Freunden, Bekannten und anderen Mitmenschen. Natürlich hat keiner die Absicht, uns mit überflüssig wirkenden Kommentaren, zu verletzen. Ich denke es ist vielmehr die Unsicherheit im Umgang mit dem Thema Tod, die dazu führt, dass Menschen sich uns gegenüber verletzend verhalten.

Ich habe immer wieder gemerkt, dass es vielen Menschen unglaublich schwer fällt über den Tod zu sprechen. Es gibt nur wenige Freunde, die nicht sofort das Thema wechseln wollen, wenn ich über meinen Bruder reden will. So kommt ein Gespräch eher selten zustande. Das finde ich sehr schade. Denn sprechen *im richtigen Moment,* dann wenn ich den Wunsch spüre über Jan und das Geschehene zu reden, ist sehr wichtig für mich. Ich habe die Erfahrung gemacht, dass es mir nach einem Gespräch, in dem mir zugehört wird, wo ich das Gefühl habe verstanden zu werden und in dem ich Trost erfahre, oftmals besser geht. Leider kommt es nicht oft vor, dass ein solches Gespräch zustande kommt. Ausgenommen sind hier Gespräche mit meiner Familie. Ich möchte an dieser Stelle auch sagen, dass ich damals eine Freundin hatte, die sich sehr bemüht hat. Heute habe ich zwei weitere Freunde gefunden, mit denen ich sehr gut reden kann. Dafür bin ich sehr dankbar.

Jetzt denke ich, dass viele meiner Freunde damals einfach zu jung und mit dem Thema Tod überfordert waren, weil sie bis dahin wenig bis gar keinen Kontakt damit hatten. Deshalb wussten sie wahrscheinlich gar nicht, wie sie sich mir gegenüber verhalten sollten. Dafür habe ich Verständnis. In der Schule wurde ich von einigen Lehrern sehr enttäuscht, denn von ihnen hatte ich mehr Einfühlungsvermögen erwartet. Meiner Meinung nach sollten Pädagogen wissen, wie sie mit Schülern umgehen, die gerade eine schwere Zeit durchmachen. Sie sollten bestmöglich auf diese Schüler eingehen. Lehrer sollten, so meine ich, nicht nur unterrichten können, sondern auch vertrauenswürdige Bezugspersonen sein. Leider habe ich die Erfahrung gemacht, dass auch einige meiner Lehrer große Schwierigkeiten mit dem Thema Tod hatten.

Eine bezeichnende Situation in einem Gespräch mit einer Lehrerin möchte ich schildern: Gegen Ende des Quartals wurden die Mitarbeitsnoten besprochen. Es war im Winter, die Zeit, in der ich noch intensiver als sonst an meinen Bruder denken muss, weil er im Dezember Geburtstag hatte und Ende Dezember starb. Das heißt, dass ich viele traurige Erinnerungen an diese Zeit habe und immer öfter daran denken muss. Deshalb konnte ich auch in der Schule nicht immer hundertprozentig in Sachen Mitarbeit sein. Ich wusste, dass es für mich aufs Abitur zuging und ich wusste auch, wie wichtig die mündliche Mitarbeit in diesem Abiturfach für mich war. Auf die Frage der Lehrerin, warum ich denn in der letzten Zeit so ruhig geworden sei, antworte ich ehrlich, obwohl es mir schwer fiel, dass es mir wegen dem Tod meines Bruders nicht gut gehe. Hiermit wollte ich keineswegs bessere Noten oder Vergleichbares erreichen. Vielmehr wollte ich, dass meine Situation verstanden wird und erklären, dass meine Zurückhaltung kein Desinteresse am Fach war. Meine Lehrerin antwortete darauf sehr monoton »Ach so, dann trauern Sie also in dieser Zeit.« Damit war das Gespräch vorbei. Ich wusste einfach nicht, was ich dazu sagen sollte. Scheinbar hatte sie keinerlei Ahnung, was trauern bedeutet. Mir kam es so vor, als wäre es ihr auch egal, wie ich mich fühle. Ich empfand das als sehr verletzend. Nicht etwa, weil ich auf irgendeine Art und Weise Mitleid haben will, das mag ich gar nicht. Vielmehr habe ich mich geärgert, dass ich dieser Frau etwas so Persönliches erzählt hatte und es für mich so rüber kam, als wäre es ihr gleichgültig. Etwas Ähnliches erfuhr ich im Religionsunterricht. Wir besprachen das Thema *Sinn des Lebens.* Zu diesem Thema wollte ich einfach nicht allzu viel sagen. Ich habe im Vergleich zu meinen Klassenkameraden einfach andere Lebenserfahrungen gemacht und dadurch auch eine andere Sicht auf die Dinge entwickelt. Diese schmerzhaften Erfahrungen wollte ich mit Sicherheit nicht mit der ganzen Klasse teilen. Dann ging es wieder um die mündliche Mitarbeit. Schon wieder hieß es dann, ich sei sehr ruhig, und ich erzählte daraufhin wieder meiner Lehrerin, was passiert war. Sie nahm es auf jeden Fall besser auf und reagierte *freundlicher* als die zuvor genannte Lehrerin. Ich hatte gehofft, dass wir deswegen vielleicht einen Bogen um das Thema Tod machen könnten. Doch da es für den Lehrplan vorgesehen war, musste es kurz angeschnitten werden. Das wäre auch okay gewesen, wenn die Lehrerin nicht auf einmal gesagt hätte: »Nun stellt euch vor, ihr würdet bei einem Verwandten, der im Sterben liegt, am Bett stehen.« In diesem Moment dachte ich mir, das könne einfach nicht wahr sein, und es kam mir so vor, als hätte sie mich gar nicht ernst genommen. Ich habe am Sterbebett meines Bruders gestanden und die Erinnerung daran, die sowieso immer wieder kommt, ist immer sehr schmerzhaft. Durch diese »nette« Aufforderung saß ich im Unterricht und musste weinen. Meine Klassenkameraden fragten mich daraufhin, was los sei, doch ich wollte ja nicht jedem diese persönlichen Sachen erzählen. Im Nachhinein war meiner Lehrerin die Situation sehr unangenehm. Scheinbar hatte sie einfach vergessen, was ich erlebt habe. Und schon wieder habe ich mich geärgert, ihr erzählt zu haben, was passiert war, und war auch traurig und verärgert darüber, dass sie mich in eine solche Lage gebracht hat, dass ich vor der ganzen Klasse weinen musste.

Dies waren zwei Situationen, die mir besonders nah gegangen sind und in denen ich von meinen Lehrern sehr enttäuscht wurde. Immerhin hatte ich ihnen etwas sehr Persönliches anvertraut. Ich denke, jeder kann sich vorstellen, dass es nicht einfach ist, fast fremden Menschen vom Tod des eigenen Bruders zu erzählen. Im Nachhinein habe ich aus ihrem Verhalten immer geschlossen, dass es sie kaum interessiert haben kann. Oder sie hatten einfach keinerlei Ahnung, wie sie mit der Situation umgehen sollten. Doch dadurch habe ich nie mehr einem Lehrer erzählt, was ich erlebt habe und warum ich am Unterricht vielleicht nicht so teilnehmen konnte wie sonst. Noch mehr verletzt hat mich allerdings die Tatsache, dass das Unverständnis und das Verhalten meiner Lehrer dazu beigetragen haben, dass es mir schlechter und nicht besser ging. Ich bin mir sicher, dass sich keiner meiner Lehrer mit Absicht so verhalten hat. Genau wie bei meinen Freunden denke ich, dass sie keine Erfahrung mit trauernden Menschen haben und nicht wissen, wie sie sich in solchen Situationen verhalten sollen. Ich finde das sehr schade, denn ich für meinen Teil habe das Vertrauen verloren und wollte nicht mehr viel über den Tod meines Bruders reden, wobei ich trotzdem der Meinung bin, dass Reden oftmals sehr hilfreich sein kann. Nur eben nicht mehr mit meinen Lehrern.

M. M. im Juni 2012 (20 Jahre, vier Jahre nach dem Tod des Bruders)

Institut Dellanima, Stephanie Witt-Loers
Trauerberatung, Trauerbegleitung, Trauertherapie, Vorträge, Fortbildungen für Lehrer, Seelsorger, Psychologen unter: www.dellanima.de

1 Sterben, Tod und Trauer in der Schule

1.1 Umgang mit Tod und Trauer in der Schule

Solche Schilderungen von betroffenen Jugendlichen begegnen mir in meiner praktischen Arbeit immer wieder. Trauernde Jugendliche fühlen sich in ihrer Situation häufig nicht wahrgenommen. Herauszuhören sind neben der Trauer um den Verstorbenen Gefühle von Einsamkeit und Enttäuschung, die durch Verhaltensweisen des sozialen Umfeldes entstehen. Auf der anderen Seite zeigen sich bei Mitschülern und Lehrern Ratlosigkeit, Hilflosigkeit und Ohnmacht im Umgang mit Betroffenen.

Menschen im Lebensbereich Schule gehen auf unterschiedliche Weise mit dem Themenkomplex um. Berührungsängste, Hilflosigkeit sowie Unsicherheiten im Zusammenhang mit Tod und Trauer führen häufig dazu, das Geschehen zu ignorieren. Bezugspersonen sind vielfach überfordert damit, Lehrern den Tod eines nahen Angehörigen mitzuteilen. Zudem habe ich festgestellt, dass die Sprachlosigkeit und Scham trauernder Jugendlicher oft die Ursache dafür ist, dass Mitschüler oder Lehrer nicht um den Tod eines Angehörigen und die damit verbundenen Nöte für den Trauernden wissen. Betroffene bleiben deshalb vielfach in ihrem sozialen Umfeld Schule mit ihrer Trauer allein. (Vgl. Witt-Loers, Stephanie: Schulprojekte zum Umgang mit Tod und Trauer. In: Leidfaden: Fachzeitschrift für Krisen, Leid, Trauer, 4/2012. Göttingen 2012)

Unterstützung aus dem Lebensumfeld

Genau diesen Konflikt möchte das vorliegende Buch aufgreifen und dazu beitragen eine Begegnung für beide Seiten zu erleichtern. Es soll Pädagogen wie Schüler ermutigen, sich den Lebensthemen Krankheit, Sterben, Leid, Tod und Trauer zu stellen. Begleiter in der Zeit der Trauer zu sein ist nicht nur eine Angelegenheit für professionelle Trauerbegleiter oder Kriseninterventionsteams und sollte es auch nicht sein. Unterstützung können und müssen Trauernde gerade von Menschen aus ihrem sozialen Umfeld durch Wahrnehmung ihrer Situation, Anteilnahme, Gespräche, Gesten sowie praktische Hilfen erfahren.

Und dies eben nicht nur in den ersten Tagen und Wochen, sondern langfristig.

Ziele des Buches

Mit diesem Buch möchte ich die Auseinandersetzung mit den Tabuthemen Sterben, Tod und Trauer anregen. Wichtige Aspekte und Fragen zum Themenbereich in der Schule sollen in diesem Buch durch meine vielfältigen Erfahrungen sowie mein theoretisches Wissen praxisnah aufgegriffen, vertieft und in einen systematischen Zusammenhang gebracht werden. Im Mittelpunkt dieses Buches für weiterführende Schulen stehen trauernde Jugendliche. Bisher werden sie, in der Praxis sowie in der Literatur zum Thema, meist nur am Rande beachtet. Jugendliche trauern anders als Kinder oder Erwachsene und haben eigene Bedürfnisse und Anliegen. Diese möchte ich in den Blick nehmen. Wichtig ist mir zudem ein theoretisches Grundverständnis von Trauerprozessen und Trauerreaktionen zu vermitteln. Kenntnisse darüber können den konkreten Umgang mit Trauernden erleichtern. Überdies können Informationen trauernde Jugendliche selbst entlasten. Außerdem möchte ich Hinweise geben, wie die Schule mit der Trauer von Jugendlichen und den vielfältigen Herausforderungen, die das Thema mit sich bringt, verantwortungsbewusst umgehen kann. So kann Hilflosigkeit und Ohnmacht in konkreten Situationen entgegengewirkt werden. Ferner sollen Möglichkeiten der Unterstützung in unterschiedlichen Trauersituationen in den Blick genommen werden. Mit diesem Buch möchte ich zudem ausdrücklich dazu auffordern, sich persönlich, aber auch als Schulgemeinschaft, präventiv mit den Themen Sterben, Tod und Trauer auseinanderzusetzen.

Ich möchte eine Auswahl von Möglichkeiten aufzeigen, sich auf einen akuten Fall vorzubereiten oder im Krisenfall zu verhalten. Gleichzeitig möchte ich ausdrücklich dazu anregen, den Mut zu finden eigene Ideen und Wege umzusetzen.

Das Buch soll keine allgemeingültige Anleitung für den Umgang mit Tod und Trauer sein, sondern Orientierung und Entlastung bieten in akuten Situationen. Die *eine* richtige Handlungsweise gibt es nicht. Jede Schulgemeinschaft ist ein individuelles System und erfordert ihm entsprechende Handlungsweisen in immer wieder unterschiedlichen Trauersituationen. Zudem ist jeder Mensch einzigartig und mit ihm sein Sterben, sein Tod, aber auch die Wege und Strategien, wie er mit seiner persönlichen Trauer umgeht. So muss auch der Umgang mit Trauernden immer individuell sein.

Trauernde Jugendliche in ihrer individuellen Art zu trauern zu respektieren und nicht zu bewerten, ermöglicht auch in anderen Lebensbereichen offener und toleranter anderen Menschen und Sichtweisen gegenüber zu sein. Trauernde nicht allein zu lassen in ihrer schweren Situation, nicht nur im Lebensbereich Schule, ist deshalb auch ein Anliegen dieses Buches.

Tod und Trauer in der Schule

Weiterführende Schulen sind groß. Schülerzahlen von 800 bis 1500 sind keine Seltenheit. Rein rechnerisch vergeht deshalb kaum ein Jahr ohne einen Todesfall im direkten schulischen Bereich. Hinzu kommen die vielen einzelnen Kinder, Jugendlichen und Erwachsenen aus dem Lebensraum Schule, die um einen nahe stehenden Menschen aus ihrem persönlichen Umfeld trauern.

Deshalb fließen in den Lebensbereich Schule die unterschiedlichsten Verlusterfahrungen der dort lernenden und arbeitenden Menschen mit ihren Belastungen sowie der Notwendigkeit der Anpassung an neue Lebenssituationen ein. Meist ist es der Tod eines Mitschülers, Lehrers oder eines nahen Angehörigen, der einzelne Menschen aus dem Lebensraum Schule oder die gesamte Schulgemeinschaft mit Sterben, Tod und Trauer konfrontiert. Die Schule ist ein wichtiger sozialer Lebensraum, in dem Jugendliche einen großen Teil ihrer Lebenszeit und ihrer persönlichen Entwicklung verbringen. Hier werden nicht nur Wissen und Lerninhalte vermittelt, sondern auch die Bedeutung von Gemeinschaft und Solidarität sowie der Umgang mit Trauer und Leid können erlernt und erfahren werden. In der Entwicklungspsychologie wird der Schule deshalb auch nicht nur fördernde Wirkung auf die intellektuellen Leistungen zugeschrieben, sondern vielmehr findet durch den Einfluss von Schule eine grundsätzliche kognitive Umstrukturierung statt. Wissen und Umwelterfahrungen werden neu geordnet. Alltagserfahrungen und persönliche Biografie werden aus dem bisherigen Erfahrungskontext herausgelöst und in neue Zusammenhänge gestellt. Auch deshalb sollte die Schule sich mit den Lebensthemen Sterben, Tod und Trauer befassen und ihrer ganzheitlichen Verantwortung für die ihr anvertrauten Schüler nachkommen (vgl. Witt-Loers, Schulprojekte).

Sterben, Tod und Trauer sind Teil unseres Lebens. Niemand kann sich ihnen entziehen und sie lassen sich auch aus dem Lebensfeld Schule nicht heraushalten. Entscheidend ist es aus meiner Sicht jedoch, wie wir damit umgehen. Deshalb möchte ich zunächst darauf schauen, was einen Umgang mit dem Themenkomplex erschwert.

1.2 Schwierigkeiten im Umgang mit Tod und Trauer

Unsere Trauerkultur

Unsere Trauerkultur befindet sich in einem Umbruch. Alte Traditionen haben sich verändert oder lösen sich auf, neue Ausdrucksformen von Trauer sind im Entstehen. Häufig haben sich Menschen von den natürlichen Wandlungsprozessen der Natur entfremdet. Nur noch wenige wissen, wie sich Sterben äußern kann und was sichtbare Zeichen des eingetretenen Todes sein können. Medien stellen den Tod meist nur einseitig und unrealistisch dar. Gestorben wird größtenteils in Krankenhäusern, Altenheimen oder Hospizen. Durch die hohe Lebenserwartung erleben Familien durchschnittlich nur noch alle 18–20 Jahre einen Todesfall im engeren familiären Umfeld. War die Kirche in früheren Zeiten noch ein tragendes Element bei Sterbe-, Todes- und Trauerfällen, so wird die Auflösung der christlichen Traditionen heute gerade im Umgang mit Tod und Trauer deutlich. Da immer weniger Menschen – und besonders Jugendliche – konfessionell gebunden sind oder sich einer Religionsgemeinschaft zugehörig fühlen, verliert die Kirche ihre bisherigen Kompetenzen an andere Institutionen. Zusätzlich scheint Trauer auch aus dem öffentlichen Leben zu verschwinden. Vielfach entstehen anonyme Friedhöfe und die Formen einer feierlichen Abschiedszeremonie weichen Bestattungen ohne Feier. Bestattungen im 15-Minuten-Takt in unpersönlichen Leichenhallen sind keine Seltenheit. Zeichen der Anteilnahme Trauernden gegenüber sind heute nicht mehr so selbstverständlich wie früher. Die Entwicklung in unserer Gesellschaft brachte es mit sich, dass wir uns vielfach eine Begleitung Trauernder nicht mehr zutrauen.

Aber: Trotz der veränderten Trauerkultur gibt es auch weiterhin ein gesellschaftliches und individuelles Bedürfnis nach Trost und Beistand in einer extrem belasteten Lebenssituation, die durch den Verlust eines nahe stehenden Menschen entsteht.

Weil wir alle Betroffene kennen und selbst betroffen sein können, ist es notwendig, dass wir gemeinsam nach Möglichkeiten einer menschenwürdigen, unkonventionellen und bunten Trauerkultur streben. Zeichen dieser sich neu entwickelnden Trauerkultur existieren bereits: Hospize, Kinder- und Jugendhospize, Bestatter, die es möglich machen individuell Abschied zu nehmen, Holzkreuze und Erinnerungsstätten am Straßenrand nach tödlichen Unfällen, spontane öffentliche Traueräußerungen nach einem Verbrechen oder dem Tod einer öffentlichen Person, Trauergruppen, Trauerbegleitungen, Geistliche, die sich an den Bedürfnissen der Trauernden orientieren, Schulprojekte, die sich mit Tod und Trauer auseinandersetzen, Lehrer und viele andere Menschen, die sich damit beschäftigen, wie sie Trauernden begegnen und sie begleiten können.

Fehlende Beziehungen

Die Entwicklung unserer Gesellschaft hat dazu geführt, dass familiäre Strukturen, persönliche Bindungen und Formen von Beziehungen sich verändert haben. Die steigende Zahl der Scheidungen und der Alleinerziehenden, aber auch der Einzelkinder bedeuten für Jugendliche auch ein kleineres stabiles, kontinuierliches soziales Netz, auf das im Notfall zurückgegriffen werden kann, sowie weniger Möglichkeiten sich neu zu binden. Nach dem Tod eines nahe stehenden Menschen kann es deshalb schwer für Jugendliche sein wieder zu innerer Sicherheit zu finden. Zudem sind viele Kinder und Jugendlichen durch die Berufstätigkeit des Alleinerziehenden oder beider Elternteile auch in einer schwierigen Lebenssituation auf sich selbst gestellt. Diese Umstände sowie oft zu große Schulen, in denen anonyme Beziehungen vorherrschen, und der Leistungsdruck, den Jugendliche erfahren, erschweren den Umgang mit dem Verlust durch den Tod.

Erschwerte Kommunikation

Die Kommunikation Jugendlicher miteinander ist vielfach auf ein minimalistisches Niveau reduziert.

Sie äußert sich heute häufig in einer knappen, vereinfachten Sprache, die Gefühlszustände häufig im *Abkürzungsstil* formuliert. (HDL[1], Hdggggdl[2] etc.). Jugendliche verlernen zudem immer mehr direkte Interaktionen. Kontakte sind anonymer geworden, finden oft über SMS, E-Mails oder soziale Netzwerke statt. Mimik, Gestik, der Klang der Stimme fehlen, um den Zustand eines Trauernden in all seinen Dimensionen wahrnehmen zu können. Zudem gehen bei dieser Form des Kontaktes die wesentlichen Möglichkeiten, auf einer nonverbalen Ebene Mitgefühl und Nähe auszudrücken, verloren. Gerade trauernden Jugendlichen fehlen dadurch vielfach emotionale und soziale Gefüge, die sie in ihrer Situation aber benötigen würden.

1 HDL=Hab' dich lieb

2 Hdggggdl=Hab' dich ganz ganz ganz ganz doll lieb

1.3 Chancen der Auseinandersetzung

Ob und wie eine Schule als Institution und die Lehrer als Menschen mit Sterben, Tod und Trauer umgehen ist nicht unwesentlich. Die außergewöhnliche Situation, die der Tod eines Menschen mit sich bringt, kann das Bedürfnis Jugendlicher, sich an Vorbildern zu orientieren, verstärken. Deshalb können Lehrer durch ihr Verhalten Vorbild positiver oder negativer Lebensbewältigung sein.

Gefühle trauernder Jugendlicher von Angst, Scham und Einsamkeit können verringert werden. Schüler wie Lehrer können Möglichkeiten individueller Ausdrucksformen von Trauer sowie einen tröstlichen, gemeinschaftlichen Umgang mit Tod und Trauer kennenlernen. Der Umgang mit Gefühlen sowie Wege der eigenen und der gemeinschaftlichen Verlustverarbeitung können erarbeitet werden.

Mitzuerleben wie Mitschüler mit einem Verlust umgehen, welche Bewältigungsstrategien sie anwenden, was ihnen hilft oder auch nicht, kann dazu anregen, den persönlichen Weg zu finden. Jugendliche können voneinander lernen, indem sie mehr über andere mögliche Wege und Lebensentwürfe erfahren. Zudem kann für den Trauernden die *Anpassung an eine Welt ohne den Verstorbenen* im Zusammenhang mit positiven Erfahrungen, wie z. B. die Unterstützung und Nähe durch andere Menschen, begünstigt werden. Dem schweren Ereignis werden im Rückblick dann nicht nur negative Aspekte zugeschrieben. Auch positive Sichtweisen bekommen Raum, unterstützen den Trauerprozess, geben Hoffnung und helfen, das Ereignis in die eigene Lebensgeschichte zu integrieren.

In einer durch Offenheit und Nähe geprägten Atmosphäre, in der Jugendliche sich wahrgenommen, ernst genommen fühlen und selbst aktiv erleben können, kann die Beschäftigung mit den Themen den Einzelnen und die Gemeinschaft in der Schule fördern und stärken. Kompetenzen in der Entwicklung neuer Lebensperspektiven bei trauernden Jugendlichen und der Gemeinschaft werden unterstützt. Jugendliche lernen zudem, Mitverantwortung für individuelle und gesellschaftliche Anliegen zu tragen. Die Erfahrung kann außerdem zu einer neuen Sichtweise auf das eigene Leben und zu neuen Einschätzungen persönlicher Werte führen. Jugendliche sollten zudem in der Schule die Möglichkeit bekommen zu lernen, wie soziale Beziehungen trotz starker emotionaler Belastungen aufrechterhalten werden können. Gerade die Erfahrung, dass auch in Krisenzeiten stabile Beziehungen möglich sind, ist für den Umgang mit zukünftigem Verlust oder in der Begegnung mit Menschen, die einen Verlust erlebt haben, von zentraler Bedeutung.

Die Enttabuisierung, frühzeitige Sensibilisierung, Vorbereitung, Information, die Stärkung sozialer Verantwortung und Empathie sowie Ressourcenarbeit können dazu beitragen, den Bereich Sterben, Tod und Trauer, der zu unser aller Leben gehört, mit in den prägenden Lebensraum Schule einzubinden und einen Umgang damit erleichtern (vgl. Witt-Loers, Schulprojekte).

1.4 Entwicklung von Jugendlichen

Bevor ich auf die Trauer von Jugendlichen eingehe, möchte ich einige entwicklungspsychologische Aspekte aufgreifen, die mir in diesem Zusammenhang wichtig erscheinen. Auf dem Weg erwachsen zu werden (frühe Adoleszenz: 10–13 Jahre, mittlere Adoleszenz: 14–17 Jahre und späte Adoleszenz 18–22 Jahre) finden grundsätzliche biologische, intellektuelle und soziale Veränderungen und Erfahrungen statt. Die Zeit der Adoleszenz ist eine von Umbruch und Unsicherheit geprägte Zeit. Viele unterschiedliche Entwicklungsaufgaben müssen angegangen werden. Gerade in dieser sensiblen Phase des Übergangs in das Erwachsenenalter werden Jugendliche durch ihre Entwicklung mit den Lebensthemen Abschied und Neubeginn konfrontiert. Entwicklung kann unter diesen zwei Aspekten erlebt werden: Einerseits kann es als Verlassenmüssen von Bekanntem, als Verlust von Sicherheiten, als Risiko erlebt werden, andererseits aber zugleich auch als Fortschritt mit neuen Möglichkeiten und Freiheiten.

In dieser labilen Phase der Übergänge, in der vorhandene Gewohnheiten und Handlungsmuster an Bedeutung verlieren, bestehen oft noch keine entsprechenden Strategien, um mit den neuen Anforderungen zurechtzukommen. Zugleich bringt die biologische Entwicklung Umbrüche und neue körperliche Erfahrungen mit sich, die in das eigene Selbstbild integriert werden müssen. Diese Integration entsteht nicht ohne die Beeinflussung durch gesellschaftliche Normen, Werte, und Erwartungen an die Rolle als Frau oder Mann. Die Suche nach der eigenen Identität, nach Orientierung, die Anforderungen an soziale Kompetenzen sowie die Reaktionen der Umwelt auf die körperlichen Veränderungen werden von Jugendlichen häufig als Belastung empfunden. Neue Beziehungen werden aufgebaut, erfordern aber ebenso wie die Loslösung von den Eltern zugleich andere und neue Kompetenzen.

Zudem geht die Pubertät für Jugendliche mit intensiven und emotionalen Erlebnissen und Schwankungen einher. Unter Jugendlichen gilt die Kontrolle dieser extremen Emotionen *(cool sein)* häufig als erstrebenswert. Auch beim Tod eines Menschen wirken Jugendliche oft cool, zeigen, obwohl sie trauern, nach außen keine oder wenig Emotionen. Auf der Suche nach der eigenen Identität spielen entwicklungspsychologisch gesehen Emotionen und der Umgang damit eine wichtige Rolle. Fähigkeiten wie die Regulierung intensiver Emotionen, sich selbst zu beruhigen, die Emotionen anderer wahrzunehmen ohne selbst davon überwältigt zu werden, kognitive Fähigkeiten zu nutzen um Emotionen zu verstehen, zählen deshalb zu den Entwicklungsaufgaben der Jugendzeit.

Ein weiterer Aspekt in diesem Zusammenhang ist die Entwicklung von empathischem Verständnis. Jugendlichen fällt es eben darum oft schwer, andere leiden zu sehen, selbst Gefühle des Leids zu zeigen, weil sie Angst vor dem Verlust der Kontrolle über die eigenen negativen Gefühle haben. Die Folgen sind vielfach Flucht und Vermeidungsverhalten, die wiederum zu mangelnder Empathie führen.

Gedanken und die Auseinandersetzung um die schulische und berufliche Zukunft, persönliche Ziele und Werte, sowie die Entwicklung einer eigenen Weltanschauung beschäftigen Jugendliche und erfordern enorme Kräfte und Anstrengungen.

Vielfach resultieren aus diesen Gedanken, Anforderungen und Erfahrungen Verunsicherung, Gefühle von Überforderung und Selbstwertverlust. Für manche Jugendliche ist die Zeit der Pubertät deshalb mit Problemen im persönlichen, familiären oder schulischen Umfeld verbunden, die durch den Verlust eines Menschen aus dem sozialen Umfeld erschwert werden können. (Vgl. R. Oerter/L. Montanda (Hg). Entwicklungspsychologie. Weinheim/Basel 2008)

1.5 Präventive Maßnahmen und Projekte

Bestenfalls beginnt die Auseinandersetzung mit Sterben, Tod und Trauer, bevor ein konkreter Verlust zu betrauern ist. Schulpädagogische Auseinandersetzungen mit dem Themenkomplex haben lange zu wenig Beachtung gefunden. In den letzten Jahren sind jedoch ein zunehmendes Interesse an präventiven Projekten zum Themenbereich sowie der gleichzeitige Wunsch nach Begleitung und Beratung in akuten Krisenfällen festzustellen. Besonders aufmerksam wurden Verantwortliche im schulischen Bereich nach den Ereignissen von Winnenden, als auf tragische Weise klar wurde, dass der Tod auch in größerem Ausmaß nicht vor der Schule halt macht. Zudem wurde durch andere Amokläufe an Schulen, den Mord an Mirco, die Love-Parade in Duisburg oder den

Suizid des Fußballers Robert Enke einer breiten Öffentlichkeit deutlicher, dass es erforderlich ist, den Themenbereich in die Gesellschaft zu integrieren und einer Auseinandersetzung nicht auszuweichen.

Die Schule und die Schulpädagogik haben ihre Verantwortung auf diesem Gebiet erkannt. Zahlreiche Bundesländer haben in den Lehrplänen für alle Schulformen die Themen »Sterben, Tod und Trauer« als festen Bestandteil in Fächern wie Religion, Deutsch, Ethik oder Philosophie aufgenommen.

Trotzdem bestehen noch immer viel zu wenig schulinterne Strukturen, auf die das System bei Betroffenheit Einzelner oder der Schulgemeinschaft zurückgreifen kann.

Im Rahmen meiner Arbeit konnte ich Einblick in individuelle Bedürfnisse, Ängste und die persönliche Wahrnehmung trauernder Jugendlicher auf die Reaktionen des sozialen Umfelds bekommen. Trauernde Jugendliche haben mir viel von ihren Erfahrungen und Wünschen nach Unterstützung von Seiten der Schule erzählt (vgl. Witt-Loers, Schulprojekte).

Auf der anderen Seite zeigen mir die Diskussionen und Fragen, die mir bei Fortbildungen immer wieder begegnen, die Vielfalt an Reaktionen, Bedürfnissen und Ängsten, die die Konfrontation mit dem Themenkomplex bei Pädagogen auslöst. Gerade deshalb würde eine präventive Beschäftigung mit Tod und Trauer entlastend in akuten Situationen wirken und den Umgang miteinander erleichtern.

Nicht immer stehen Schüler, Lehrer und Eltern einem Umgang mit dem Themenbereich offen gegenüber. Vielfach bestehen Vorbehalte, die aus der Sorge resultieren, eine Auseinandersetzung wäre eher schädlich als hilfreich. Zudem können persönlich erlebte Verlusterfahrungen zu einer ablehnenden Haltung beitragen. Grundsätzlich ist von einer Auseinandersetzung nicht abzuraten. Diese sollte jedoch unter verantwortlichen, fachlich fundierten Grundvoraussetzungen stattfinden und berücksichtigen, dass es Menschen mit unverarbeiteter Trauer, komplizierten oder traumatischen Trauerprozessen gibt, die professionelle Unterstützung benötigen. Deshalb sind Schulungen für Pädagogen von zentraler Bedeutung.

Neben der persönlichen Angst, sich dem Themenbereich zu stellen, ist ein anderes Hauptproblem die häufig kaum zu überschauende Zahl von Schülern und Lehrern an einer Schule. Sich auf ein gemeinsames Vorgehen zu verständigen bringt deshalb vielfach große Probleme mit sich. Vorbereitende Fortbildungen für Pädagogen können hier helfen, persönliche sowie fachliche Kompetenzen zu stärken und eine gemeinsame Grundhaltung zum Umgang mit dem Themenkomplex zu erarbeiten.

Themenbezogener Unterricht

Das empathische Verständnis für Menschen in schweren Lebenssituationen kann durch präventive Projekte und themenbezogenen Unterricht entwickelt und gestärkt werden. Ein Fach wie Biologie bietet beispielsweise die Möglichkeit *letzte Lebensphasen, Merkmale des Todes, Wie bewältigt der Körper Schmerzen?* inhaltlich zu bearbeiten. Auch andere Fächer wie Chemie (Korrosion …), Deutsch, Musik, Religion (Bestattungsarten, Jenseitsvorstellungen in verschiedenen Religionen …) Erdkunde (Erosion …), Philosophie oder Erziehungswissenschaften, Sozialwissenschaften (Trauer in unserer Gesellschaft …) ermöglichen die Auseinandersetzung mit dem Themenbereich auf einer breiten Ebene.

Der Themenkomplex Sterben, Tod und Trauer wird noch immer aus unserem gesellschaftlichen Leben ausgegrenzt. Jugendliche suchen deshalb – so mein Eindruck – häufig nach Gelegenheiten darüber zu sprechen. Die selbstverständliche Einbindung in den Unterricht würde dem Gesprächsbedarf entgegenkommen und zudem signalisieren, dass in akuten Situationen Gesprächsbereitschaft vonseiten der Lehrer besteht. Ein grundsätzliches Vertrauen könnte geschaffen und die Begegnung in akuten Situationen erleichtert werden.

Präventive Schulprojekte

Ein Überblick über bestehende Projekte gebe ich in einem Artikel »Schulprojekte zum Umgang mit Tod und Trauer« der Fachzeitschrift für Krisen und Trauer »Leidfaden« 4/12. Hier wird deutlich, dass viele qualifizierte Projekte existieren, die einen Einblick in die wichtige Arbeit der Hospizbewegung geben und Schülern den Themenkomplex generell nahe bringen (vgl. Kapitel 5.8).

Fortbildungen und Vernetzung

Mein Anliegen ist, die präventive Arbeit an Schulen dahingehend auszurichten, Pädagogen kontinuierlich und qualifiziert fortzubilden, Schulen zu vernetzen und im Vorhinein über Unterstützungsmöglichkeiten in akuten Krisen nachzudenken, schulinterne Krisenteams aufzubauen sowie die Themen Krankheit, Leiden, Abschied, Sterben und Tod selbstverständlich auch in den Schulalltag zu holen, weil so ein Umgang damit geübt und erlernt werden kann.

Zudem sollte dafür gesorgt werden, dass nach aktuellen Trauersituationen langfristig auf trauernde Jugendliche geachtet wird. Denn nicht nur die ersten Wochen und Monate sind wesentlich im Trauerprozess. Die Aufmerksamkeit sollte auch nach einem Jahr, z. B. zum ersten Todestag, noch präsent sein. Diese Aufgabe sollte das soziale und schulische Umfeld mit übernehmen.

In Fortbildungen zum Themenbereich können fachliche und persönliche Kompetenzen zur Thematik aufgebaut und gefördert werden. Im Hinblick auf akute Trauersituationen in der Schule, sei es beim Tod eines Angehörigen oder auch bei Betroffenheit der Schulgemeinschaft, könnte so ein individueller Umgang und eine den besonderen Kompetenzen und Bedürfnissen der Schule entsprechender Umgang stattfinden. Der Themenkomplex ist nicht nur ein Feld für Spezialisten. Gerade die Menschen, die in der Schule gemeinsam leben und arbeiten, sollten einen ihnen entsprechenden Umgang mit diesen Lebensthemen finden. Deshalb sind aus meiner Sicht Fortbildungen sowie die Einbindung des häuslichen und sozialen Umfelds grundlegend, damit sich ein offener Umgang mit Sterben, Tod und Trauer in der Schule entwickeln und dauerhaft in das Schulleben integriert werden kann (Hinweise im Kapitel 5.8).

Schulinternes Krisenteam

Notwendiger noch als Angebote externer Schulprojekte scheinen mir, wie zuvor beschrieben, Pädagogenfortbildungen, eine persönliche Auseinandersetzung mit dem Themenkomplex, themenbezogener Unterricht und eine individuelle Vorbereitung der Schulen auf Situationen wie den Tod eines Angehörigen, eines Schülers oder Lehrers zu sein. Um in akuten Fällen handlungsfähig zu sein, wäre es hilfreich, wenn Schulen auf ein Krisenteam zugrückgreifen könnten. Ein auf die Kompetenzen und konkreten Bedingungen der Schule zugeschnittener Krisenplan und ein *Notfallkoffer* können in akuten Situationen entlasten, wobei ich ausdrücklich darauf hinweisen möchte, dass ein vorgefertigter Krisenplan niemals alle Eventualitäten berücksichtigen kann. Immer wieder bedeutet eine aktuelle Situation auch, individuell zu handeln. Grundsätzliche Vorüberlegungen und Hilfen wie die vorliegende Orientierung erleichtern jedoch ein strukturelles Vorgehen im Notfall.

Schulen, die sich präventiv und für die Schüler erkennbar mit dem Themenkomplex Sterben, Tod und Trauer auseinandergesetzt haben, signalisieren ihren Schülern außerdem Kompetenz und ermutigen sie dazu, sich in einer akuten Situation vertrauensvoll an ihre Lehrer zu wenden.

2 Trauerprozesse und Trauerreaktionen

Im vorliegenden Buch geht es um die Trauer, die durch den Tod eines Menschen aus dem nahen Lebensumfeld Jugendlicher ausgelöst wird. Die Erkenntnisse lassen sich aber ebenso auf andere Verlusterlebnisse übertragen. Denn nicht nur der Tod eines nahe stehenden Menschen, sondern auch Umzüge, eine schwere Erkrankung, der Verlust von körperlichen oder geistigen Fähigkeiten, das Ende einer Freundschaft, Abschied von der ersten Liebe sowie die Scheidung der Eltern können bei Jugendlichen Trauerprozesse auslösen. Die Auseinandersetzung mit einem erlebten Verlust ist schmerzhaft. Diesen Schmerz kann niemand nehmen, er muss durchlebt werden. Aber es ist möglich den bestmöglichen Umgang mit dem nicht rückgängig zu machenden Ereignis zu finden.

2.1 Trauer

Trauer ist eine natürliche Reaktion auf einen Verlust. Sie erfasst den Menschen als Ganzen und zeigt sich bei jedem auf individuelle Weise. Trauer entsteht da, wo Menschen eine innere Beziehung und Bindung zum verstorbenen Menschen empfunden haben. Je enger die Bindung zum Verstorbenen, umso intensiver sind die Gefühle der Trauer. Trauernde Kinder, Jugendliche und Erwachsene erleben in der Trauer viele unterschiedliche und oft widersprüchliche Gefühle wie Schmerz, Verzweiflung, Liebe, Dankbarkeit, Wut, Hass oder Angst. All diese Gefühle haben ihre Berechtigung, können aber für Trauernde beängstigend sein. Manchmal reagieren Menschen auf einen Verlust zunächst auch, indem sie ihre Gefühle *einfrieren,* sie also gar nicht erst zum Vorschein kommen lassen. Vielfach spielt die Auseinandersetzung mit Gedanken von Schuld eine erschwerende Rolle.

Trauer ist ein Prozess, der von sozialen, kulturellen, individuellen, ideologischen, religiösen und anderen Faktoren beeinflusst wird. Trauerreaktionen können belastend sein und das Leben des Trauernden in vielfältiger Form verändern. Zudem entstehen durch den erlittenen Verlust häufig weitere, sogenannte *sekundäre Verluste.* Neben der emotionalen Zuwendung des Verstorbenen brechen soziale Kontakte, die Unterstützung und Fürsorge durch den Verstorbenen oder materielle Sicherheiten weg. Veränderungen von Wohnort, Schule oder Arbeitsplatz bringen zusätzliche Belastungen und die Notwendigkeit der Anpassung an die neuen Lebensumstände mit sich.

Trauer ist notwendig, um den erlittenen Verlust in das neu entstandene Lebensgefüge ohne die gestorbene Person zu integrieren. Trauerprozesse sind anstrengend und müssen durchlebt werden. Manchmal werden Trauerprozesse auf später verschoben. Das kann der Fall sein, wenn die momentane Lebenssituation oder das Alter des Trauernden ein Trauern zum augenblicklichen Zeitpunkt nicht zulassen. Trauer dauert länger, als bisher angenommen wurde, und kann lebenslang begleiten, auch wenn Trauer sich wandelt und Menschen lernen können, damit zu leben. (Vgl. Witt-Loers, Stephanie: »Zum Tod eines Kindes. Zum Tod eines Jugendlichen durch Suizid – Reflexionen«. in: Kowalski, Beate: Er wischt die Tränen ab von jedem Gesicht. Predigten und pastorale Hilfen für Begräbnisfeiern. Stuttgart 2011, St. Witt-Loers: Kindertrauergruppen leiten – ein Handbuch. Gütersloh 2013 und St. Witt-Loers: Trauernde begleiten. Göttingen 2010)

2.2 Trauer Jugendlicher

Jugendliche haben sich mit ihrem Todesverständnis an das Erwachsener angeglichen. Sie erfassen den Tod in der Gesamtheit der Dimensionen, denn sie begreifen im Gegensatz zu Kindern kognitiv, dass der Tod nicht mehr rückgängig zu machen ist (Irreversibilität). Sie wissen zudem, dass der Tod durch Krankheit, Unfall oder Gewalt verursacht wird (Kausalität) und alle Lebewesen einmal sterben müssen (Universalität). Deshalb ist der Umgang in diesem Themenbereich mit Jugendlichen anders als der mit Kindern.

Jugendliche befassen sich mit existenziellen Fragen des Lebens, sind auf der Suche nach ihrer eigenen Identität. Begleitet wird diese Entwicklung häufig von depressiven Stimmungen, suizidalen Gedanken oder auch selbstverletzendem Verhalten. Die widersprüchlichen Gefühle in der Trauer verwirren zusätzlich zu den normalen Entwicklungsprozessen der Pubertät. Der erlebte Verlust erschwert es Jugendlichen, an das Sinnhafte und eine Ordnung der Welt zu glauben. Gerade deshalb kann ein Verlust bei Jugendlichen eine tiefe Sinn- oder Identitätskrise auslösen sowie autodestruktive Verhaltensweisen oder Suizidgedanken verstärken. Es kann Jugendliche entlasten, sie darüber zu informieren, dass widersprüchliche Gefühle zum Trauerprozess gehören, aber dass sie sich wandeln werden. Zudem sollte Minderwertigkeitsgefühlen, fehlendem Selbstvertrauen, sich selbst als hilflos zu erleben, fehlenden Bewältigungsstrategien und der Unterdrückung von Gefühlen entgegengewirkt werden.

Jugendliche können durch den Verlust in ihrer Entwicklung gehemmt werden. Sie fühlen sich vielfach verunsichert, haben Gedanken von Schuld und Scham, weil sie – außerhalb der von Trauer bestimmten Familie – ihr Leben fortführen oder weiterleben möchten. Oft übernehmen sie auch Rollen des/der Verstorbenen. Die Identitätsfindung wird dadurch erschwert. Nicht nur Bezugspersonen versuchen Kinder und Jugendliche durch Zurückhaltung eigener Gedanken, Gefühle und Bedürfnisse zu schonen. Umgekehrt stellen auch Jugendliche ihre eigene Trauer zurück, um Bezugspersonen nicht noch mehr zu belasten. Dies kann zu erschwerten Trauerprozessen führen.

Deshalb sollten Jugendliche bei ihren *Traueraufgaben* unterstützt werden. Zugleich sollten die Grundbedürfnisse Jugendlicher dabei berücksichtigt werden. Körperliche Grundbedürfnisse wie Essen, Trinken, Schlafen, das Bedürfnis nach Sicherheit, Unabhängigkeit, Zugehörigkeit, Zuneigung, Selbstverwirklichung und Ich-Entwicklung haben hier besondere Bedeutung.

Die Todesnachricht eines Menschen aus dem nahen Lebensumfeld kann die persönliche Weltsicht völlig verändern. Gerade Jugendliche, die sich auf Grund ihrer Entwicklung in einer sensiblen Lebensphase befinden, stellen dann bisherige Einstellungen zum Leben, zum Lebenssinn und vielfach auch den eigenen Selbstwert in Frage. Der Tod löst Verunsicherung und häufig das Gefühl des Verlustes von Urvertrauen in die Welt aus. Aus dieser Situation heraus fällt es Jugendlichen oft schwer, sich auf Anforderungen und Veränderungen in der Familie oder in der Schule sowie der persönlichen Entwicklung einzulassen. Vieles muss neu formuliert und eine neue innere Stabilität und Sicherheit gefunden werden. Das Erlebte muss in das eigene Lebensgefüge integriert werden. Besonders der Tod eines jungen Menschen kann bei Jugendlichen Angst auslösen, selbst auch bald sterben zu müssen.

2.3 Trauermodelle

Trauermodelle sind aus dem Bedürfnis entstanden, Trauernde und ihre Reaktionen auf den Verlust zu verstehen. Die Kenntnis von Trauermodellen kann meiner Erfahrung nach dabei helfen, Trauernde in ihrer individuellen Situation wahrzunehmen und dementsprechend zu unterstützen. Das Wissen darum gibt zudem eigene Sicherheit im Umgang und kann gleichzeitig trauernde Jugendliche entlasten, wenn sie über Trauerreaktionen, Verhaltensweisen oder Bewältigungsstile informiert werden. Gleichwohl müssen wir beachten, dass manche Theorien auf manche Menschen zutreffen, auf andere jedoch nicht. Trauermodelle können die Praxis erleichtern, aber sie können nicht alle Aspekte von vielen möglichen aufgreifen. Jeder Mensch ist ein einzigartiges Individuum mit einer persönlichen Lebensgeschichte und muss daher auch als solches gesehen werden.

Traueraufgaben

William Worden entwickelte das Modell der *Traueraufgaben.* Zu verstehen sind diese nicht im Sinn einer feststehenden Abfolge von Aufträgen an den Trauernden, sondern eher als Themen, die den Trauerprozess prägen und deren Bearbeitung dazu dient, mit dem Verlust leben zu lernen und sich der neu entstandenen Lebenssituation anzupassen. Dabei können einzelne Traueraufgaben immer wieder auftauchen und sind nicht zwangsläufig erledigt, wenn einmal daran gearbeitet wurde. Zudem ist es möglich, dass Trauernde gleichzeitig mit mehreren Aufgaben beschäftigt sind. Das Trauermodell von Worden lässt Vielfältigkeit zu, bietet aber gleichzeitig Orientierung und Struktur. Ich möchte es mit den Erweiterungen der Sozialpsychologin Chris Paul und den von ihr vorgeschlagen Ergänzungen der Trauerwissenschaftler Dennis Klaas und Robert Neimeyer vorstellen.

Worden hebt hervor, dass es nicht ausreicht, die Traueraufgaben zu kennen, sondern dass es wesentlich ist, Trauernde in ihrer individuellen Situation wahrzunehmen. Die Traueraufgaben werden deshalb in Verbindung mit den von ihm so genannten *Mediatoren (Variablen) der Trauer* gesehen. Gemeint sind damit die Faktoren, die das *individuelle Erleben* der Trauer und die individuelle Herangehensweise an die Traueraufgaben beeinflussen.

Duales Prozessmodell

Zudem halte ich Aspekte des *Dualen Prozessmodells (DPM)* von Margret Stroebe und Henk Schut für hilfreich. Das *DPM* benennt verschiedene Bewältigungsstrategien, die notwendig sind, um mit dem Verlust zu leben. Die Trauerforscher gehen in ihrem Modell davon aus, dass Menschen, die einen schweren Verlust erlitten haben, den verlust- sowie den wiederherstellungsorientierten Belastungen mit Strategien, die emotions- wie lösungsorientiert sind, begegnen müssen. Dabei pendeln Trauernde zwischen den beiden Belastungstypen hin und her. Dieses Verhalten wird auch als *Oszillieren* bezeichnet. In manchen Zeiten sind Trauernde eher dem Verlust zugewandt, in anderen eher den Fragen, die sich aus dem Verlust für die Bewältigung des Alltags und der Zukunft ergeben. Entsprechend *oszillieren* auch die Strategien, mit denen die Belastungen bewältigt werden können: Mal sind sie eher emotions-, mal mehr lösungsorientiert. Jugendliche *pendeln* zwischen Zeiten in denen eher getrauert oder Kraft für den Trauerprozess gesammelt wird (trauerfreie Räume), und den Zeiten, in denen sie sich eher damit beschäftigen, wie der Alltag bewältigt werden kann.

2.4 Traueraufgaben

Überleben sichern (Chris Paul)

Um sich in den Trauerprozess begeben zu können, muss ein gewisses Maß an Sicherheit vorhanden sein. Existenzielle Grundbedürfnisse wie Essen, Trinken, Schlaf, Sicherheit, Wohnstätte, Wärme müssen erfüllt sein. Jugendliche erleben in ihrer Trauer häufig massive Existenznöte: »Wer versorgt mich?«, »Wer verdient das Geld?«, »Muss ich jetzt auch sterben?«, »Was geschieht, wenn meine Mutter nun auch noch stirbt?« – das sind Fragen, denen sich Kinder und Jugendliche beim Tod eines nahen Menschen häufig gegenüber sehen.

Oft erlauben es momentane Lebensumstände nicht, dass sich Jugendliche in starke Gefühle fallen lassen können. Dann werden sich der Schmerz und die Trauerreaktionen später in anderen Zusammenhängen ihren Weg bahnen. Häufig nehmen Jugendliche sich zunächst in ihrer eigenen Trauer zurück, um ihre Bezugspersonen nicht zusätzlich zu belasten. Erst wenn die Bezugspersonen wieder erkennbar stabil sind, begeben sie sich in ihren eigenen Trauerprozess. Dieser wird dann allerdings vielfach vom sozialen Umfeld nicht als solcher erkannt und falsch gedeutet (vgl. St. Witt-Loers: Kindertrauergruppen leiten – ein Handbuch. Gütersloh 2013).

Den Verlust als Realität akzeptieren

Den Verlust als Realität zu begreifen fällt unendlich schwer und braucht Zeit. Oft tauchen Gedanken und Gefühle auf, die die Realität *nicht wahrhaben wollen.* » Das kann nicht sein! Das war nur ein Traum. Er kommt doch wieder zurück.« Die Realität des Todes muss anerkannt werden, bevor Jugendliche sich mit der emotionalen und praktischen

Bedeutung auseinandersetzen können, die der Tod des nahe stehenden Menschen mit sich bringt. Besteht in keiner Form die Möglichkeit (Sehen und *Begreifen* der Leiche, Abschiedsfeier, Abschiedsworte) Abschied zu nehmen, wird der Trauerprozess erschwert. Deshalb macht es auch ein plötzlicher Tod so schwer, diesen als Realität zu begreifen. Hilfreich ist es, wenn klar ist, dass jemand sterben wird, den unabwendbaren Abschied *aktiv* zu gestalten. Das bedeutet, Jugendlichen Gelegenheit zu geben, noch etwas für den Sterbenden oder Gestorbenen zu tun, sich bewusst zu verabschieden. Selbst aktiv zu sein, nimmt das Gefühl der Ohnmacht und Hilflosigkeit (vgl. Kapitel 5.6).

Schmerz erfahren

Trauer bedeutet immer auch Schmerz. Die zweite Aufgabe nach Worden ist es darum, diese schmerzhaften Gefühle zu durchleben und zu verarbeiten. Das kann Menschen – Kinder, Jugendliche wie Erwachsene – an körperliche und seelische Grenzen bringen. Werden die Gefühle nicht durchlebt, kann dies zu verzögerten Trauerreaktionen oder zu somatischen Erkrankungen führen, die nicht immer als Trauerreaktionen erkannt und wahrgenommen werden.

Das Ausmaß des Trauerschmerzes ist in Abhängigkeit zur Intensität der Beziehung mit dem Verstorbenen zu sehen. Je enger die Bindung, umso intensiver wird der Trauerschmerz sein. Die zeitliche Dauer der Beziehung spielt dabei keine Rolle. Jugendlichen fällt es oft schwer, Gefühle der Trauer zu zeigen. Die Unsicherheit und der Verlust von Grundvertrauen in die Welt, die der Tod auslöst, ängstigen. Jugendliche befürchten auch, die Kontrolle über ihr eigenes inneres und äußeres Erleben zu verlieren und verschließen sich.

Deshalb ist es wesentlich, Schülern genügend Zeit und Raum für die Gefühle der Trauer zu lassen sowie Möglichkeiten anzuregen, wie der Schmerz und die Trauer durchlebt werden können. Nur so können sie wieder zu einem sinnerfüllten Leben finden.

Sich an eine Welt ohne den Verstorbenen anpassen

Wenn ein Mensch stirbt, zieht dies auch Veränderungen in den Beziehungen des Trauernden zu seiner Umwelt nach sich. Menschen werden nicht mehr in ihren Rollen als Mutter, Schwangere, Schwester oder Bruder, Freundin, Freund, wahrgenommen, sondern sind Einzelkind, Waisenkind, plötzlich ältestes oder jüngstes Kind. Gesellschaftliche Rollen verändern sich und damit die Aufgaben des Trauernden.

Worden spricht von drei wesentlichen Bereichen, in denen Anpassungsleistungen nach dem Tod eines nahe stehenden Menschen erfolgen müssen. Dies sind Anpassungen im Alltag (externe Anpassungen – z. B. neue Schule, Umzug, tägliche Versorgung, finanzielle Sicherheit …), Anpassungen in Bezug auf die Selbstwahrnehmung und die eigene Identität (interne Anpassung – Verlust an Bestätigung, Zuwendung und Schutz …). Der Verlust kann dann zu Störungen des Selbstwertgefühls führen.

Als dritte Anpassung an die neu entstandene Umwelt wird eine Anpassung in Bezug auf die eigenen grundlegenden Wertvorstellungen, das Weltbild, den Glauben, den Sinn des Lebens und die Spiritualität gesehen.

Diese Anpassungen verstärken und erschweren vielfach die Anforderungen der Entwicklungsstufe Jugendlicher wie Neuorientierung, Flexibilität, Kraft, die Entwicklung neuer Lebensperspektiven sowie das Erlernen neuer Fähigkeiten.

Eine auf Dauer angelegte Verbindung mit dem Verstorbenen finden und sich dabei auf ein neues Leben einlassen

Eine weitere Aufgabe Trauernder ist es, eine fortbestehende Bindung zum Gestorbenen zu finden. Der Tote muss in das neu entstandene Lebensgefüge integriert werden. Trauernde müssen den Verstorbenen nicht vergessen. Dieser bekommt aber einen anderen Platz. Das Erlebte, die Erinnerungen und die Erfahrungen aus der gemeinsamen Zeit können das Leben des Betroffenen weiterhin bereichern. Gleichzeitig gilt es, einen neuen Bezug zu sich selbst, zum eigenen Leben und zur Außenwelt zu finden.

In der Anerkennung seines Todes dennoch in Verbindung mit dem Gestorbenen zu bleiben, hindert nicht daran, neue Beziehungen und Bindungen einzugehen.

Äußere neue Plätze für den Gestorbenen können sein: das Grab, Fotos, ein Erinnerungsort im Haus, ein Musikstück oder Text, ein Foto, bestimmte Gegenstände oder auch eine Pflanze. Innere Plätze können beispielsweise sein: innerer Begleiter, Ratgeber, Engel, Beschützender. Spirituell kann der Verstorbene einen neuen Platz in den Jenseitsvorstellungen des Trauernden finden. Wenn im sozialen Umfeld des Jugendlichen über Erinnerungen gesprochen werden kann und Erinnerungen bewahrt werden dürfen, ist es leichter, den Gestorbenen ins eigene Leben zu integrieren.

Dennis Klaas spricht von vier möglichen Funktionen oder Plätzen innerer Repräsentation des Toten. In der ersten Funktion übernimmt der Verstorbene die Rolle des Vorbilds und dient als umfassendes *Identifikationsobjekt.* Eine zweite denkbare Rolle des Verstorbenen ist die Übernahme der *situationsspezifischen Entscheidungshilfe* für den Hinterbliebenen. Drittens kann der Verstorbene eine *klärende Funktion* in der Auseinandersetzung mit Werten oder moralischen Positionen übernehmen. Und viertens kann in der *Erinnerungsbildung* Trost gefunden werden, wenn Hinterbliebene an die Person denken und sich dadurch aktuell besser fühlen.

Die neuen Plätze, die der Verstorbene im Leben des Trauernden einnimmt, müssen sich wandeln dürfen. Besonders dann, wenn der Platz mehr negativ besetzt ist. Bedeutsam ist diese Möglichkeit der Wandlung vor allem, wenn zum Verstorbenen ambivalente Beziehungen bestanden haben, oder auch bei Bindungen, die durch Alkohol, Gewalt, Geld oder Hörigkeit bestimmt oder die an ein Versprechen geknüpft waren (»Nie wieder werde ich jemanden so lieben.«, »Ich werde dir ewig treu bleiben.«, »Ohne dich kann ich nie mehr glücklich sein.« »Ich werde deine Aufgaben übernehmen.«). Löst die bleibende Verbundenheit mit dem Gestorbenen eher negative Gefühle aus, sollten positive Erinnerungen gefunden werden. Fortdauernde Bindungen zum Gestorbenen stellen einen wichtigen Aspekt in der Trauer dar, der sein darf und für Trauernde eine Ressource sein kann. (Vgl. St. Witt-Loers: Kindertrauergruppen leiten – ein Handbuch. Gütersloh 2013)

Sinnfragen (Chris Paul, Robert Neimeyer)

Der Tod eines nahe stehenden Menschen verstärkt bei Jugendlichen häufig die ohnehin wesentliche Frage nach dem Sinn des Lebens und Sterbens. Die Frage nach dem *Warum* kann nur jeder für sich selbst beantworten. Sinnfragen werden auf unterschiedlichen Ebenen angegangen: »Warum musste Lena sterben?«, »Warum lässt Gott das zu?«, »Warum gerade jetzt?«, »Warum lebe ich?«, »Welchen Sinn hat mein Leben jetzt noch?«.

Eine gemeinsame Suche nach Antworten und das Erzählen der eigenen Biografie tragen mit zur Bewältigung des Verlusts bei. So kann der Verlust in das weitere Leben integriert und die autobiografische Sicht des eigenen Lebens angepasst werden. Sich für andere einzusetzen, sich einer Aufgabe zu widmen oder etwas zu tun, was als sinnvoll empfunden wird, kann dem Leben nach einem Verlust einen neuen Sinn geben. In Schulen werden deshalb nach dem Tod eines Mitschülers oder Lehrers häufig Projekte ins Leben gerufen, die sinnfördernd wirken (Unterstützung von Hilfsprojekten für Kranke, Unfallopfer ...).

2.5 Mediatoren der Trauer

- Art der Beziehung zum Verstorbenen (z. B. Verwandtschaftsgrad)
- Wer ist gestorben? Welche Rolle hatte der Verstorbene für den Trauernden?
- Art der Bindung zum Gestorbenen (Stärke und Sicherheit der Bindung, Sicherheit durch die Bindung, Rollenverteilung in der Beziehung, Konflikte in der Beziehung, Ambivalenz der Beziehung, Abhängigkeit in der Beziehung)
- Welche Art der Bindung bestand?
- Todesumstände (Aspekte hierbei z. B.: plötzlicher Tod, Gewalteinwirkung, traumatisierende Geschehnisse, ungeklärte oder stigmatisierende Todesumstände, wahrgenommene Vermeidbarkeit des Todes, Erfahren der Todesnachricht, Möglichkeit Abschied zu nehmen, mehrere Todesfälle gleichzeitig …)
- Frühere Erfahrungen des Hinterbliebenen (vorherige Verluste, bisherige psychische Gesundheit)
- Persönlichkeitsvariablen des Hinterbliebenen: Wesentliche Faktoren sind z. B.: Alter, Geschlecht, Bewältigungsstil (problemlösend, aktiv-emotional, vermeidend-emotional) Bindungsstil (sicher, unsicher, ängstlich-rückversichernd, ängstlich-ambivalent, vermeidend-abweisend, vermeidend-ängstlich), Denkstil, Ich-Stärke (Selbstachtung, Kompetenzerwartung), Annahmen über die Welt (Überzeugungen und Wertvorstellungen)
- Soziale Faktoren: Verfügbarkeit von Unterstützung, Zufriedenheit mit der Unterstützung, Übernahme verschiedener sozialer Rollen, religiöse Normen, kulturelle Erwartungen
- Gleichzeitig auftretende weitere Belastungen und sekundäre Verluste (lebensverändernde Ereignisse)

2.6 Trauerreaktionen

Die Trauerreaktionen Jugendlicher auf den Tod eines nahe stehenden Menschen oder auf den Tod eines Menschen aus ihrem nahen Lebensumfeld können sehr unterschiedlich sein. Trauer zeigt sich bei jedem Menschen individuell, seiner Persönlichkeit, seiner Entwicklung und seiner Geschichte entsprechend. Heute ist bekannt, dass sich unsichere, in der Kindheit erfahrene Bindungen belastend auf das weitere Leben auswirken können. Jugendliche und Erwachsene können Verluste und Krisen dann häufig schwerer bewältigen.

Es lassen sich einige Reaktionen (körperliche und psychische Reaktionen, Verhaltensreaktionen, soziale Reaktionen) trauernder Jugendlicher feststellen, die nach einem schweren Verlust häufig auftreten. Mögliche Trauerreaktionen zu kennen und Jugendliche darüber zu informieren, dass diese sich widersprechen, es sich vielleicht um Reaktionen handelt, die fremd, aber normal sind, entlastet Jugendliche häufig.

Folgende Symptome können, müssen aber nicht unbedingt auftreten. Gegebenenfalls sollten sie ärztlich untersucht und behandelt werden. Vielfach unterstützt eine Trauerberatung oder Trauertherapie Jugendliche in dieser Zeit.

- *Körperliche Reaktionen:* Essstörungen, Schlafstörungen, intensives Träumen oder Albträume, Müdigkeit, Kopf- oder Bauchschmerzen, Konzentrationsschwäche, Anfälligkeit für Krankheiten …
- *Verhaltensreaktionen:* Aufregung, Verdrängen, Rückzug, Schock, Aggression, Weinen, Schreien, Erschöpfung, Erstarrung, selbstverletzendes Verhalten, Entwicklung von Sucht (Drogen, Computer), Hyperaktivität, Regressionen (Rückschritte in der Entwicklung – auch Einnässen) Verlust von bisherigen Glaubensvorstellungen, Regression, …
- *Emotionale Reaktionen:* Einsamkeit, Wut, Hass, Liebe, Sehnsucht, Panik, Verzweiflung, Niedergeschlagenheit, Schmerz, Freude, Dankbarkeit, Enttäuschung, Traurigkeit, Schamgefühle, Taubheit, Leere, Erleichterung, Angst, das Gefühl, nicht mehr normal zu sein, das Gefühl, verrückt zu werden, Gedanken von eigener Schuld, Schuldzuweisungen …
- *Kognitive Reaktionen:* vermindertes Selbstbewusstsein, Hoffnungslosigkeit, Hilflosigkeit, Gefühl von Unwirklichkeit, kreisende Gedanken nur um den Verstorbenen, Gefühl von Sinnlosigkeit, Verlust von Grundvertrauen in das Leben …
- *Soziale Reaktionen:* Isolation, Rückzug aus sozialem Umfeld (Aufgeben von Hobbys, Zurückweisung von Freunden, Ablehnen des Schulbesuchs, Verweigerung der Mitarbeit in der Schule …)

Unsichtbare Trauer

Jugendliche funktionieren häufig zunächst weiter, zeigen keine schulischen Einbrüche oder Auffälligkeiten, keine Emotionen. Das bedeutet jedoch nicht, dass sie nicht trauern. Oft möchten Jugendliche ihre Angehörigen nicht zusätzlich belasten und versuchen durch Zurückstellung der eigenen Trauer ihre engen Bezugspersonen zu schonen.

Wenn Jugendliche dann – oft auch nach Jahren – selbst beginnen zu trauern, verstehen sie sich häufig selbst nicht. Überdies wird ihre Trauer ebenso wenig von ihrem sozialen Umfeld erkannt.

Gerade in der Pubertät haben Jugendliche oft Schwierigkeiten eigene Gefühle zu identifizieren und einzuordnen. Auch bestehen häufig Hemmungen, Gefühle zu zeigen. Der Verlust verstärkt diese Empfindungen vielfach. Zudem löst der Tod Gefühle von Unsicherheit und das Gefühl, nicht mehr *normal* zu sein, aus. Für Jugendliche, die einen Angehörigen durch den Tod verloren haben, ist zu Hause meist nichts mehr, wie es war. Nicht nur der nahe stehende Mensch ist nicht mehr da, mit ihm fehlen auch die Sicherheit, Liebe, Fürsorge und Unterstützung, die der Jugendliche durch ihn erfahren hat. Deshalb wünschen sich Jugendliche nach einem Verlust oft das Erleben von Normalität und zugleich Verständnis und Aufmerksamkeit. Diese widersprüchlichen Bedürfnisse erschweren es dem sozialen Umfeld, auf den Jugendlichen zuzugehen. Wissen wir aber um diesen Widerspruch, ist es leichter (wie sonst) trauernde Jugendliche ihren Bedürfnissen entsprechend zu unterstützen.

Schuld

Stirbt ein Mensch aus dem Lebensumfeld eines Jugendlichen, entstehen häufig Gedanken von Schuld. Dabei tauchen häufig Fragen auf wie: »Hätte ich den Tod noch verhindern können, wenn ich …«, »Hätte ich N.N. nicht den Tod gewünscht, wäre er nicht gestorben.«. Für die Trauerreaktionen in der Schule spielt zudem eine wesentliche Rolle, welche Positionen der/die Verstorbene (Schüler/Lehrer) allgemein im System Schule hatte. Mögliche Rollen können sein: Beliebter, Respektierter, Begabter, Intelligenter, Sozialer, Streber, Egoist, Außenseiter, Mitläufer, Aggressor, Mobber, Humorist … Schuldgedanken können auch ausgelöst werden, weil man selbst noch lebt. Dann tauchen auch Fragen auf wie: »Warum lebe ich noch?«, »Darf ich mein Leben genießen und mich daran zu freuen, obwohl N.N. gestorben ist?«. Diese Fragen und Gefühle machen es Jugendlichen oft schwer Lebensfreude und Lebenssinn zu finden.

Vielfach fühlen sich Schüler oder Lehrer schuldig am Tod eines Lehrers oder Mitschülers. Die Gründe sind vielfältig. Das können beispielsweise Gedanken sein wie: für nicht genug Sicherheit gesorgt, durch eigenes Verhalten zum Tod beigetragen oder wichtige Hinweise, die auf den Tod hätten hindeuten können, übersehen zu haben.

Gerade im Zusammenhang mit Suizid tauchen Schuldgedanken der zurückbleibenden Menschen oft auf (vgl. viertes Kapitel).

Häufig wird anderen Menschen oder Dingen im Zusammenhang mit dem Tod eine Schuld zugesprochen. Schreckliche Ereignisse werden so erklärbarer. Das Unfassbare des Geschehens soll durch die Zuschreibung einer Ursache verständlicher und somit erträglicher gemacht werden. Schuld kann deshalb häufig als Reaktion auf die erlebte Ohnmacht im Zusammenhang mit dem Tod verstanden werden.

Schuld hat ihren Sinn, deshalb sollte sie als solche wahrgenommen, akzeptiert und gewürdigt werden (vgl. Chris Paul: Schuld – Macht – Sinn, Gütersloh 2011). Trauerprozesse, in denen Schuld eine überragende Rolle spielt, erfordern vielfach eine professionelle Begleitung.

Besonders schwierig wird es, wenn eine *reale* Schuld, z. B. durch Verletzung der Aufsichtspflicht, Verkehrsunfall, Mord oder Mobbing besteht.

Unterstützung bei Gedanken von Schuld kann sein, zuzuhören, die Gedanken der Betroffenen ernst zu nehmen und die damit im Zusammenhang stehenden Gefühle – vielfach ist dies Wut – zuzulassen. Häufig führt die Wut aber auch zu aggressivem Verhalten gegenüber Menschen, Tieren oder Dingen. Hier empfehle ich, qualifizierte und professionelle Hilfe in Anspruch zu nehmen.

Aggressionen

Aggressionen in der Trauer müssen durchlebt werden, dürfen aber nicht zur Verletzung oder Zerstörung von Leben oder Eigentum führen. Sie müssen anders kanalisiert werden. Wut kann gegenüber dem Verstorbenen empfunden werden, z. B. weil er allein gelassen hat, es keinen Abschied oder letzte schwierige Worte gab, er sich in Gefahr begeben hat.

Gefühle von Wut und Aggression lösen wiederum häufig Scham aus. Scham kann unter anderem auch hervorgerufen werden durch Gedanken von eigener Schuld, versäumte Worte oder Gesten, stigmatisierte Todesursachen wie Suizid, Aids, Drogentod, oder Neidgefühle, weil andere Menschen diesen Verlust nicht erleben müssen.

Regression

Aus meiner Praxiserfahrung kann ich sagen, dass regressives Verhalten nach einem Verlust nicht nur bei Kindern sehr häufig auftritt, sondern auch bei vielen Jugendlichen. Regressives Verhalten ist hier insbesondere das Bettnässen.

Dies ist bisher meines Erachtens ein großes Tabuthema, dass mit viel Scham besetzt ist. In den Trauergruppen wird es so gut wie nie zuerst von den Kindern oder Jugendlichen angesprochen. Jugendliche, die ich einzeln begleite, erzählen häufig von sich aus davon. Stets ist die Erleichterung spürbar, wenn Kinder und Jugendliche erfahren, dass es eine normale Trauerreaktion ist, die vorbei geht, und dass es vielen anderen trauernden Kindern und Jugendlichen ähnlich geht. Zudem tritt das Bettnässen häufig erneut auf, wenn das Kind oder der Jugendliche nach dem Verlust einen zusätzlichen Verlust erleidet.

Praxisbeispiel: Julian ist 13 Jahre alt. Sein Bruder Benin (7 Jahre) stirbt plötzlich durch einen Autounfall. Zu Julians Trauerreaktionen gehört neben dem Rückzug aus seinem sozialen Umfeld unter anderem das nächtliche Bettnässen. Eineinhalb Jahre nach dem Verlust hat sich dieser Zustand normalisiert, tritt aber, nachdem die Eltern sich drei Jahre nach dem Tod des Sohnes trennen – Julian ist mittlerweile 16 Jahre und mitten in der Pubertät –, erneut auf. Für Julian ist seine regressive Reaktion sehr belastend und löst starke Schamgefühle aus. Erst in der Trauerbegleitung findet er die Möglichkeit, überhaupt darüber zu sprechen. Die Informationen zu dieser normalen Trauerreaktion helfen ihm, einen Umgang mit der Situation zu finden.

Trauma

In der Psychotraumatologie unterscheidet man zwischen *man made* (von Menschen zugefügten Traumata), *apersonalen* (Naturkatastrophen, schwere Schicksalsschläge) und *kollektiven Traumatisierungen* (die Menschen sich in größerem Rahmen gegenseitig zufügen: Amoklauf, Krieg). In traumatisierenden Situationen erleben Menschen extreme Angst, Hilflosigkeit und Ohnmacht. Menschen sind mit der Verarbeitung des Ereignisses überfordert und reagieren mit einem Trauma. Die langfristige Auswirkung eines Traumas hängt von verschiedenen Faktoren ab. Hier spielen das Ereignis selbst, aber auch die Möglichkeiten der Verarbeitung und Bewältigung eine Rolle. Schnelle und fachliche Unterstützung kann dazu beitragen, der Entwicklung einer *PTBS (posttraumatischen Belastungsstörung)* präventiv zu begegnen.

Symptomatisch können sich nach einer Traumatisierung akute Belastungsreaktionen zeigen, die von schnell wechselnden Gefühlen begleitet werden. Nach einiger Zeit (Stunden, Tage) können sie wieder abklingen. Bestehen die Symptome bis zu vier Wochen fort, spricht man von einer *akuten Belastungsstörung.* Erst später spricht man von einer *Posttraumatischen Störung.*

Jugendliche, die traumatisiert sind, müssen nach dem Trauma zunächst äußere Sicherheit erfahren, informiert und stabilisiert werden. Erst danach kann mit der Bearbeitung des Traumas begonnen werden. Die Aufforderung, von Erinnerungen im Zusammenhang mit dem erlebten Verlust zu erzählen, schadet in diesem Fall. Zu den Symptomen, die bei traumatischen Trauerprozessen auf eine *Posttraumatische Belastungsstörung* hinweisen können, gehören drei Gruppen: Wiedererleben (Intrusion), Vermeidung (Avoidance) und Übererregung (Hyperarousal).

Jugendliche, die an einer *PTBS* leiden, meiden häufig Gespräche über den Verstorbenen oder Orte und Dinge, die sie an den Verstorbenen erinnern, da sie zu Angst führen und mit dem Tod oder den Todesumständen zusammenhängen, nicht aber mit dem verstorbenen Menschen. Ein Trauma zeigt sich in ständigem Wiedererleben der schrecklichen Erinnerungen in Form von Intrusionen, Flashbacks oder Albträumen. Außerdem können somatische Beschwerden, Regressionen, aggressives Verhalten, sozialer Rückzug, Konzentrationsstörungen oder starke Schuldgefühle auftreten. Klare Strukturen helfen Jugendlichen im Chaos der widersprüchlichen und extremen Gefühle.

Wann ein schweres belastendes Ereignis traumatisierend wirkt, ist davon abhängig, wie Menschen sich in der akuten Situation gefühlt haben. Bei einer besonders stark erlebten Hilflosigkeit, Ohnmacht, Selbstunwirksamkeit, Angst und Handlungsunfähigkeit besteht eine große Wahrscheinlichkeit der Traumatisierung. Die Traueraufgaben bei einer traumatischen Trauer sind überlagert. Um in einen nicht erschwerten Trauerprozess zu kommen, muss das Trauma zunächst durch Psychotraumatologen, Psychotherapeuten, speziell ausgebildete Trauerbegleiter oder Mitarbeiter in Kriseninterventionsteams für Schulen, die besonders auf Traumata von Kindern und Jugendlichen spezialisiert sind, aufgelöst werden.

Weitere Erkrankungen nach einem Trauma

Posttraumatische Belastungsstörungen sind nicht die einzigen Folgeerkrankungen eines erlebten Traumas, die im Zusammenhang mit Trauer auftreten können. Depressionen, Essstörungen, Angst- oder Zwangsstörungen, Substanzmissbrauch, Somatisierungsstörungen oder Borderline-Störungen können ebenso Begleit- oder Folgeerkrankungen sein.

(Vgl. Reddemann, Luise/Dehner-Rau, Cornelia: Trauma: Folgen erkennen, überwinden und an ihnen wachsen. Stuttgart 2007, Trickey,

David: »Kinder und Jugendliche unterstützen«, in: C. Paul: Neue Wege in der Trauer- und Sterbebegleitung. Gütersloh 2011, und Witt-Loers, Stephanie: Kindertrauergruppen leiten – Ein Handbuch. Gütersloh 2013)

Ressourcen und Resilienz

Mir scheint es für die Trauerarbeit besonders wichtig, nicht nur Trauerprozesse und Trauerreaktionen, sondern auch die verschiedensten Ressourcen in den Blick zu nehmen, die es ermöglichen, Leid zu ertragen, Trauer zu wandeln und zu einem sinnerfüllten Leben zu finden. Zu diesen Ressourcen gehören innere Ressourcen wie z. B. ein hohes Selbstwertgefühl, kognitive Kompetenzen, aktive Bewältigungsstrategien und Spiritualität, externe Ressourcen, wie z. B. finanzielle Sicherheit, systemische Ressourcen, wie z. B. stabile emotionale Beziehungen, ein soziales Netzwerk, Gemeinschaftserleben und Resilenzfaktoren, also Faktoren seelischer Widerstandskraft, wie z. B. der Mut, selbstständig zu denken und zu handeln, Unterstützung anzunehmen und Selbstwirksamkeit. Dabei spielen aus meiner Sicht Kreativität, Flexibilität, ein positives Selbstwertgefühl und Selbstwirksamkeit sowie die Wahrnehmung der positiven Anteile der Trauer (Dankbarkeit, Liebe …), das soziale Netz, eine wesentliche Rolle. Sie können helfen, sich zu stabilisieren, das Leid und die schwere Lebenszeit zu durchleben und selbstregulative Kräfte anzuregen, und müssen deshalb gefördert werden.

Für Jugendliche ist es leichter, mit dem Verlust zurechtzukommen, wenn das soziale Umfeld den Verlust für den Jugendlichen mit seinen Konsequenzen anerkennt und zudem in der Familie, unter Freunden und im System Schule eine grundsätzliche Haltung von Zugewandtheit, Respekt, Wertschätzung und Unterstützung sowie eine offene Kommunikation besteht.

Erschwerte, komplizierte und traumatische Trauerprozesse

Trauerprozesse sind komplex und werden von vielen unterschiedlichen Faktoren wie der Beziehung zum Verstorbenen, den Todesumständen, den Lebensumständen, der Familiensituation, dem sozialen Umfeld, von physischen, psychischen und geistigen Dispositionen bestimmt.

Trauer ist keine Krankheit, aber sie kann unter bestimmten Umständen zu erschwerten, komplizierten oder traumatischen Trauerprozessen führen. Mögliche Risikofaktoren, die in Zusammenhang mit Symptomen und Ressourcen zu bewerten sind, weisen auf solche Trauerprozesse hin. Hier ist eine professionelle qualifizierte Trauerbegleitung,

Trauertherapie oder fachärztliche Therapie anzuraten. (Vgl. C. Paul: Neue Wege in der Trauer- und Sterbebegleitung, Gütersloh 2011, St. Witt-Loers: Kindertrauergruppen leiten, Gütersloh 2013)

Risikofaktoren, die auf die Entwicklung erschwerter Trauerprozesse hindeuten können, können beispielsweise sein:

- Tod durch Gewalt (Suizid, Mord, Naturkatastrophe, Amoklauf, Unfall …)
- Zeuge eines gewaltsamen Todes
- Plötzlicher Tod
- Ungeklärte Todesumstände
- Tod eines Geschwisters
- Mehrere Verluste in kurzer Zeit
- Fehlendes soziales Netzwerk
- Ambivalente Beziehung zum Verstorbenen
- Psychische Erkrankung
- Einnahme starker Medikamente
- Bezugspersonen verbieten Emotionalität
- Suchtverhalten
- Schwere Verhaltensstörung
- Stark regressives Verhalten
- Unbearbeitete Vorverluste (Scheidung, Tod, Umzug …)
- Unaufgelöstes Trauma
- Suizidgedanken
- Starke, anhaltende emotionale Äußerungen
- Missbrauch oder Gewalt in der Familie
- Alkohol- oder Drogenmissbrauch in der Familie
- Einseitige religiöse oder kulturelle Prägungen
- Stigmatisierte Todesumstände (Aids, Drogentod, heimliche Liebesbeziehung …)

Trauer im System Schule

Betroffen von der Trauer um einen Mitschüler oder Lehrer ist das System Schule mit Schülern, Lehrern, anderen Mitarbeitern der Schule (Hausmeistern, Sekretariatsmitarbeitern, Mensamitarbeitern …) und Eltern. Hinzu kommt das weitere soziale Umfeld des Verstorbenen mit Familie, Freunden, Bekannten und Nachbarn. In der Schule ist es wesentlich, auf die Trauer des Einzelnen zu schauen, aber auch die trauernde Schulgemeinschaft in den Blick zu nehmen. Deshalb müssen Zeiten und Räume geschaffen werden, die es zulassen, individuell, aber auch gemeinschaftlich zu trauern. Dabei darf die in Schulen existierende kulturelle und religiöse Vielfalt nicht ignoriert werden. Sie muss in ihrer Verschiedenartigkeit und Buntheit respektiert und berücksichtigt werden. Kenntnisse zu Abschiedsritualen, Bestattungsarten und Symbolen der Trauer verschiedener Religionen sind darum hilfreich. Zudem werden Trauerreaktionen und Trauerprozesse von kulturellen und religiösen Faktoren beeinflusst. Trauernden Jugendlichen dürfen keine religiösen oder kulturellen Wege zu trauern vorgeschrieben werden. Jugendlichen sollten persönliche Glaubensauffassungen und Wertvorstellungen nicht aufgezwungen werden. Erfahren Jugendliche für sich in Spiritualität, einer Religion oder persönlichem Glauben Trost Hoffnung und Kraft, müssen sie darin respektiert werden. Werden Jugendliche auf einer Ebene angesprochen, die nicht ihrer Kultur oder ihrem Glauben entspricht, oder bedrängt, werden sie sich verschließen und sich in ihrem Trauerschmerz nicht anerkannt fühlen.

3 Die Begegnung mit trauernden Jugendlichen

Die Beschäftigung mit Sterben, Tod und Trauer stellt eine große Herausforderung für Trauernde aber auch für das soziale Umfeld dar. Im Folgenden möchte ich deshalb wesentliche Aspekte aufgreifen, die eine Begegnung sowie einen Umgang mit trauernden Jugendlichen in der Schule erleichtern und Trauerprozesse positiv unterstützen können. Der Tod eines Menschen sollte nicht einfach ignoriert werden. Ignoranz vermittelt dem Verstorbenen und den Hinterbliebenen gegenüber keine Wertschätzung. Grundlegende Voraussetzung für den Kontakt und ein Gespräch mit Jugendlichen zum Themenkomplex ist, wie im nachfolgenden Kapitel beschrieben, die Auseinandersetzung mit der eigenen Haltung zu Sterben, Tod und Trauer.

Je offener und wertschätzender die Kommunikation im Vorfeld mit den Schülern war, umso unkomplizierter wird sich der Umgang miteinander in der akuten Situation gestalten. Andererseits bietet eine akute Krise auch die Chance neue Wege miteinander zu gehen.

3.1 Persönliche Grundhaltung

Die persönliche Grundhaltung zu Sterben, Tod und Trauer ist wesentlich für eine Begegnung und Begleitung trauernder jugendlicher Schüler. Es ist wichtig, sich zuvor mit diesen Lebensthemen im Allgemeinen, aber auch in Bezug auf eigene Trauererfahrungen auseinanderzusetzen. Umfangreiches Material und fachliche Kompetenz kann diese grundlegende Beschäftigung nicht ersetzen. Fehlt diese Reflexion, können nicht bearbeitete Verlusterlebnisse aufbrechen und in der aktuellen Situation überfluten. Eine verantwortungsvolle, unterstützende Begleitung der Schüler ist dann nicht möglich. In diesem Fall sollte sie von anderen Personen übernommen werden. Möglicherweise befinden sich Lehrer zum Zeitpunkt des Ereignisses selbst in einem Trauerprozess. Auch hier sollte die Verantwortung an andere Kollegen, die nicht akut belastet sind, abgegeben werden.

Für die Selbstreflexion, die Auseinandersetzung mit der persönlichen Haltung und den sozialen Kompetenzen sowie individuelle Fähigkeiten, aber auch um theoretisches Grundwissen zum Themenbereich zu festigen, empfehle ich den Besuch von qualifizierten Fortbildungen (Info im Kapitel 5.8).

Sich eigenen Trauererfahrungen stellen

Die Auseinandersetzung mit Verlusten und der eigenen Endlichkeit kann dazu führen, sich persönlicher Grundüberzeugungen bewusst zu werden, sie zu überprüfen und eventuell neu zu formulieren. Werte, die das Leben nur auf Leistung und Erfolg ausrichten, verlieren häufig an Bedeutung. Akzeptieren wir die Widersprüchlichkeit des Lebens, dass es Freude und Leiden, Gesundheit und Krankheit, Geburt und Sterben, Leben, Tod und Trauer in unser aller Leben gibt und geben wird, ist es letztlich leichter, mit dem Leid umzugehen und damit zu leben. Zu einer Haltung *abschiedlichen Lebens* – wie es in der Trauerforschung heißt – zu finden, bedeutet, wertschätzend und achtsam zu leben. Diese Lebensauffassung ist im Grunde schon seit Jahrhunderten in vielen Religionen und spirituellen Traditionen verankert.

Die thematische Auseinandersetzung, aber auch die Begegnung und Begleitung Trauernder kann uns lehren, Trauer als einen Teil unseres eigenen Lebens zu begreifen und sie als notwendige Erfahrung zu würdigen. Auch dies kann ein Anlass sein, sich mit existenziellen Fragen bezogen auf das eigene Leben zu beschäftigen: Fragen nach dem Ursprung, nach dem Sinn unseres Lebens, dem Prozess des Sterbens, dem Tod und damit der eigenen Endlichkeit. So stößt die Anteilnahme an anderen Lebensschicksalen und die persönliche Auseinandersetzung häufig die Überprüfung eigener Werte und Bedürfnisse an. Wir ordnen noch einmal neu, was wesentlich für unser eigenes Leben ist. Manchmal schätzen wir Gegenwärtiges dann viel mehr und nehmen die wertvollen Augenblicke unseres Alltags mit mehr Achtsamkeit wahr.

Positive Sichtweise

Um mit persönlichem Leid, aber auch dem Leid, der Trauer und dem Schmerz anderer Menschen umzugehen, ist es hilfreich eine positive Sichtweise auf sich selbst und das eigene Leben zu entwickeln.

Eigene Gefühle sollten gewürdigt, positive Gefühle gestärkt und individuelle Kräfte aktiviert werden. Nützlich können hier innere Bilder und Vorstellungen sein, die Freude, Geborgenheit und Sicherheit vermitteln. In schweren und belasteten Lebenssituationen trotzdem eine positive, optimistische Haltung zu bewahren, können wir erreichen, indem wir uns immer wieder bewusst machen, was positiv ist und war. Zudem sollten wir uns unsere persönlichen Ressourcen und Resilienzfaktoren bewusst machen. Sie können helfen Krisen zu durchleben. Das bedeutet, persönliche Fähigkeiten und Stärken herauszuarbeiten, nicht nur Negatives oder Defizite wahrzunehmen. Individuelle Kräfte und Fähigkeiten können z. B. sein: Naturverbundenheit, gestalterischer Ausdruck, Körperlichkeit, Spiritualität, ein soziales Netzwerk.

Die Auseinandersetzung mit persönlichen Verlusten kann durch thematische Fortbildungen sowie durch die Reflektion folgender Impulsfragen angeregt werden.

- Welche Verluste habe ich bereits erlebt?
- Wie habe ich darauf reagiert?
- Was hat mir in der Situation geholfen?
- Was war nicht hilfreich?
- Was hätte ich mir gewünscht?

Zudem ist es hilfreich, bewusst darauf zu schauen, welche persönlichen und beruflichen Fähigkeiten und Kompetenzen vorhanden sind. Eine positive Sicht auf das eigene Leben und die persönliche Entwicklung ist eine wichtige Grundlage im Umgang mit eigenen Krisen und in der Begegnung mit anderen.

- Was habe ich in meinem Leben bereits geschafft? (Umzüge, Auslandsaufenthalte, Studium, neue Beziehungen, Aufgaben …)
- Was tut mir gut, was gibt mir Kraft?
- Welche beruflichen Fähigkeiten haben sich durch die Verlusterfahrungen entwickelt?

Zudem sollten bewusst Fragen zum eigenen Tod gestellt und die dabei auftauchenden Gefühle wahrgenommen werden.

- Wenn ich morgen sterben müsste, was würde ich noch *erledigen* wollen? Wem möchte ich noch danken, wen um Verzeihung bitten, wem vergeben …?
- Wie stelle ich mir mein eigenes Sterben vor? Was wäre schwer, was wäre leicht?

Einen allgemeingültigen Weg, den Trauernde gehen müssen, gibt es nicht. Zwar lassen sich – wie im vierten Kapitel beschrieben wird – Aufgaben, die Trauernde bewältigen müssen, feststellen, ob und wie diese jedoch angegangen werden, ist, wie wir sehen werden, sehr unterschiedlich. Für mich persönlich bedeutsam in der Begleitung und Begegnung mit trauernden Menschen ist, neben theoretischen Grundlagen, Empathie und Authentizität, eine *Herz-Geisthaltung:* ein offenes mitfühlendes Herz und ein wacher Geist/Verstand. Grundsätzlich können die folgenden Aspekte in der Begleitung von trauernden Jugendlichen hilfreich sein. Sicherlich lassen sie sich nicht immer sofort und insgesamt umsetzen. Wir können sie uns aber immer wieder bewusst machen und üben.

Gut für sich selbst sorgen

Eine wichtige Haltung in der Begleitung ist eigenverantwortlich und gut für sich selbst zu sorgen. Das bedeutet, sich gut um die persönliche Gesundheit, Stabilität und Lebensfreude zu kümmern und gegebenenfalls Supervision oder andere Unterstützungen anzunehmen. Es bedeutet zudem, Verantwortung abzugeben, wenn die Belastung für mich selbst zu hoch ist.

Begegnung und Kontakt

Lehrer können für Jugendliche ein wichtiger und wertvoller Beistand in der Trauer sein. Grundsätzlich sollte trauernden Schülern eine schnelle und möglichst unkomplizierte Begegnung mit ihren Lehrern ermöglicht werden. Wir sollten uns zudem Gedanken darum machen, wie und wie viel wir persönlich einbringen können. Zudem sollte im Kontakt mit trauernden Jugendlichen deutlich gemacht werden, dass es sich um Angebote/Einladungen handelt, die angenommen oder abgelehnt werden können, ohne dass bei einer Ablehnung des Angebots eine persönliche Kränkung oder gar Sanktionen von Lehrerseite zu erwarten sind. Mehrfach habe ich erlebt, dass Schüler aus dieser Angst heraus Angebote von Lehrern angenommen haben, obwohl diese nicht ihrem eigentlichen Bedürfnis entsprachen.

Aufgeben der Berufsrolle

Zudem ist es hilfreich, die Berufsrolle in der Begegnung mit trauernden Jugendlichen aufzugeben und Schülern als Mensch zu begegnen, nicht als Wissender und Lehrender. Das bedeutet auch, Fragen ohne Antwort stehen zu lassen und auszuhalten. Im Zusammenhang mit Sterben, Tod und Trauer wird es immer Fragen geben, auf die es keine gesicherten, sachlichen Antworten gibt. Gefundene Antworten können dann nur persönliche Deutungen, Spekulationen oder Interpretationen sein und sollten auch so und nicht allgemeingültig verstanden oder vermittelt werden. Wir dürfen Jugendlichen deshalb nicht unsere eigenen Antworten vorgeben.

Als Lehrer zu sagen, dass man selbst auch keine Antwort auf

bestimmte Fragen hat, zeigt, dass man bereit ist, sich mit den Schülern auf einen gemeinsamen, unbekannten Weg einzulassen.

Eigene Gefühle

In ihrer Trauer ziehen sich Jugendliche häufig zurück. Sie möchten nicht auffallen oder lästig sein. Oft haben sie durch den gesellschaftlichen und privaten Umgang mit Trauer den Eindruck gewonnen, dass sie nicht über das Geschehen sprechen und keine Gefühle zeigen sollten.

Persönliche Gefühle, die in der Trauer auftauchen, sollten reflektiert werden. Die in der Begegnung mit Trauernden erlebten Gefühle von Hilflosigkeit oder Angst können möglicherweise auch eigene Gefühle von Ohnmacht, Unsicherheit oder Ratlosigkeit auslösen. Hilfreich ist es, diese normalen Gefühle so zu akzeptieren, sich nicht dafür zu schämen und sie auch trauernden Jugendlichen gegenüber offen zu formulieren. Betroffenheit, Hilflosigkeit und Sprachlosigkeit zu empfinden und auszudrücken, vermittelt trauernden Jugendlichen Ehrlichkeit, Anteilnahme und Mitgefühl. Es erleichtert ihnen zudem, sich selbst zu öffnen und ihre Gefühle nicht als peinlich zu empfinden. Jugendliche werden dieses ehrliche Verhalten schätzen und Lehrer als vertrauenswürdige, verlässliche Partner in einer schweren Lebenssituation erleben.

Verlässlichkeit

Durch Krisen und einschneidende Lebensereignisse verlieren bisher wichtige Lebensgrundlagen ihr Fundament. In dieser schweren von Unsicherheit und Hilflosigkeit geprägten Zeit ist es hilfreich, Verlässlichkeit und Stabilität zu erfahren. Deshalb sollten Zusagen und Unterstützungsangebote nur dann gemacht werden, wenn sie auch tatsächlich so eingehalten werden können.

Zeit

Trauer ist ein langer, anstrengender Prozess. Dessen sollten sich Lehrer, die trauernde Schüler in der Klasse oder im Kurs haben, bewusst sein, auch wenn Jugendliche ihre Trauer nicht immer nach außen zeigen. Jugendlichen muss Zeit, auch über Jahre, für ihre Trauer zugestanden werden.

Vertraulichkeit

Öffnen sich Schüler ihren Lehrern gegenüber, werden gerade im Zusammenhang mit Verlust und Trauer sehr intime und persönliche Gefühle und Gedanken sichtbar. Diese mit Respekt und der notwendigen Diskretion zu behandeln, sollte selbstverständlich sein. Vertrauliche Gespräche und Äußerungen sollten auch so behandelt werden. Darauf müssen sich Jugendliche verlassen können. Lehrer sollten dies ihren Schülern ausdrücklich versichern. Zudem ist es hilfreich darauf aufmerksam zu machen, dass die Notengebung davon ebenfalls nicht beeinflusst wird.

Authentizität und Empathie

Authentisch und ehrlich zu sein, sind wichtige Grundvoraussetzungen für die Begleitung trauernder Jugendlicher. Schüler öffnen sich eher, teilen ihre Gedanken, Sorgen, Ängste und Gefühle mit, wenn sie spüren, dass Lehrer ihnen ehrlich und wertschätzend begegnen. Ausschlaggebend kann sein, dass Jugendliche ihren Lehrer als einen Menschen erleben, der ihnen auf *Augenhöhe* begegnet, mitfühlt und gemeinsam mit seinen Schülern überlegt, wie die Situation gemeinsam und für den Einzelnen bestmöglich gestaltet werden kann.

Empathie meint ein mitfühlendes, einfühlendes Verstehen des trauernden Jugendlichen. Hier können empathische Rückmeldungen auf das Gesagte vermitteln, dass die Schwere des Verlusts anerkannt wird: »Ich wünschte, ich könnte dir dabei helfen.«, »Das tut mir leid.«, »Das ist sicher sehr schwer für dich.« Ich empfehle Lehrern, dem einzelnen Schüler mit seiner Lebensgeschichte, seinen persönlichen Strategien, den Verlust zu bewältigen, mit einer empathisch wertschätzenden Haltung zu begegnen. Ehrlichkeit kann zudem bedeuten, den Schülern keine Fakten und Informationen zum Geschehen vorzuenthalten. So muss auch ein Suizid unbedingt als solcher benannt werden.

Wertschätzung

Entscheidend in der Begegnung und Begleitung trauernder Jugendlicher ist zudem eine grundsätzlich wertschätzende, partnerschaftliche und respektvolle Haltung. Jugendliche sollten unterstützt werden, ihren eigenen Weg zu finden, auch wenn dieser vielleicht auf Außenstehende unverständlich und seltsam wirken mag. Begleitung bedeutet deshalb nicht einer normierten vorgegebenen Methode zu folgen, sondern den einzelnen Betroffenen in seiner Lebenssituation wahrzunehmen und individuelle Wege zu unterstützen. Es gibt kein *richtiges* oder *falsches Trauern*. Trauer und die mit dem Tod verbundenen Konsequenzen für den Einzelnen und für die Gemeinschaft verdienen unbedingte Wertschätzung. Trauernde Jugendliche empfinden es meist als wohltuend, wenn ihnen Wertschätzung und Solidarität entgegengebracht werden.

Kein Hinwegtrösten

Menschen leiden zu sehen und dieses Leid mit auszuhalten, ist schwer und kostet Kraft. Deshalb spüren wir das Bedürfnis zu trösten. Wir möchten den Schmerz, die Verzweiflung und die Trauer wegnehmen, damit Trauernde sich wieder besser fühlen. Das können wir aber nicht. Das wäre auch keine Hilfe, denn für den Trauerprozess ist es wichtig, die Gefühle der Trauer zu durchleben. Mit oberflächlichen Floskeln über den Schmerz *hinwegtrösten* hilft nicht und behindert den Trauerprozess. Wenn trauernde Jugendliche spüren, dass Lehrer ihren Verlust in all seiner Schwere anerkennen, nicht versuchen zu *vertrösten,* (»Das wird schon wieder.«, »Du hast dein Leben doch noch vor dir.«, »Du wirst andere Freunde finden.«) fühlen sie sich ernst genommen.

Zuhören und Dasein

Auch wenn wir selbst vielleicht den Eindruck haben, dass wir nichts tun können, sind Anwesenheit, Zuhören, Anteilnahme und Information wichtige Stützen für trauernde Jugendliche.

Schweigen

Im Zusammenhang mit Tod und Trauer fehlen oft die Worte. Schweigen auszuhalten, zu ertragen ist oft nicht leicht. Wir empfinden im Schweigen schnell Unsicherheit. Trotzdem sollten auch Schweigen, Stille und Sprachlosigkeit zugelassen werden.

Gefühle aushalten

Trauernden Jugendlichen müssen die unterschiedlichen und oft widersprüchlichen Gefühle der Trauer zugestanden werden. Diese sind gerade am Anfang oft schwer auszuhalten. Sie zu durchleben, ist für den Trauerprozess jedoch wesentlich. Wir sollten anerkennen, wie schmerzhaft und anstrengend trauern ist. Das ist ein hilfreicher Beistand für trauernde Jugendliche.

Respekt und Akzeptanz

Jugendliche sollten in ihrer Trauer mit ihren Gedanken, Fragen und Gefühlen ernst genommen und gehört werden. Sie sollten spüren können, dass sie als Gegenüber respektiert werden. Auch dann noch, wenn es vielleicht schwer fällt Trauerreaktionen, individuelle Trauerwege und Schamgefühle zu akzeptieren. Gemeinsam können Lehrer mit trauernden Jugendlichen überlegen oder sie fragen, in welcher Form sie in der nächsten Zeit unterstützt werden möchten. Ratschläge und Anweisungen, wie getrauert werden soll, dürfen nicht gegeben werden.

Nähe und Distanz

In der Begegnung sollte erspürt und respektiert werden, wie viel Nähe und wie viel Distanz ein trauernder Jugendlicher braucht. Trauernde Jugendliche müssen auch von Lehrern erwarten dürfen, dass sie Angebote annehmen oder ablehnen können, ohne dass damit persönliche Kränkungen oder gar Sanktionen verbunden sind. Gleichzeitig fällt es Jugendlichen oft schwer ihr Bedürfnis nach Nähe oder Unterstützung zu artikulieren. Hier ist eine sensible Wahrnehmung von Nähe und Distanz notwendig.

Wertungen vermeiden

Trauerwege sind so verschieden wie die Menschen selbst. Jeder hat eigene Strategien mit dem Verlust umzugehen, die gewürdigt werden sollten. Das, was Jugendlichen in ihrer Trauer gut tut, kann sehr unterschiedlich sein. Jeder muss für sich selbst erfahren, was ihm in der Trauer hilft und wie er lernen kann mit dem Verlust zu leben. Deshalb sollte das Verhalten von trauernden Jugendlichen – auch wenn es unverständlich, unangemessen oder unpassend erscheint – respektiert werden. Der Verlust eines nahe stehenden Menschen löst einen tiefen seelischen und körperlichen Schmerz aus, mit dem jeder auf seine individuelle Art umgeht.

Wichtig ist, das Verhalten trauernder Jugendlicher wahrzunehmen, es jedoch nicht zu bewerten. Dies sollte nicht gleichgesetzt werden damit, dass alle Verhaltensweisen ohne Einschränkung toleriert werden müssen. Gerade hier sind Pädagogen gefordert, Grenzen zu setzen und zugleich Verständnis zu zeigen. Menschen oder Eigentum anderer darf nicht verletzt oder beschädigt werden. Trotzdem sollte deutlich gemacht werden, dass es begreiflich ist, dass der erlittene Verlust viele belastende Gefühle auslöst, die Raum benötigen.

Anerkennung des Verlusts

Niemand kann die Gefühle und Gedanken, die ein Jugendlicher beim Verlust eines nahe stehenden Menschen erlebt, nachempfinden. Deshalb sollten Sätze wie: » Ich weiß, was du fühlst!«, »Ich kenne das Gefühl …«, vermieden werden. Sie sind weder Trost noch zeigen sie trauernden Jugendlichen, dass wir die Schwere des Verlusts anerkennen. Wir sollten anerkennen, wie viel Kraft es kostet, zu trauern und das bisher Gelebte zu würdigen. Es hilft Jugendlichen, wenn Lehrer ihnen zugestehen, dass sie leiden und Schmerz empfinden dürfen nach einem schweren Verlust. Zudem können sie Jugendliche darin bestärken, ihre Trauer zuzulassen, mit sich selbst Geduld zu haben und nicht zu viel von sich selbst zu verlangen nach diesem tiefen Lebenseinschnitt.

Praxisbeispiel: Eine junge Frau, 18 Jahre, hat ihren drei Jahre älteren Bruder plötzlich durch ein geplatztes Aneurysma verloren. Sie hatte eine enge Bindung zu ihrem Bruder, der noch zu Hause wohnte und leidet schwer unter diesem Verlust. In der Begleitung erzählt sie, dass sie mit sich so unzufrieden ist, weil sie auch noch sechs Monate nach seinem Tod viel weint, starke Sehnsucht nach dem Bruder spürt. Sie hat Angst sich ihrem sozialen Umfeld zuzumuten und fürchtet Ablehnung, wenn sie ihr Leid zeigen würde. Andererseits hat sie keine Kraft mehr, den äußeren Schein aufrecht zu erhalten. Die *Erlaubnis,* trauern zu dürfen sowie die Information, dass Trauerprozesse lange dauern und besonders schmerzhaft sind, je enger die Bindung zum Verstorbenen empfunden wird, unterstützen den Trauerprozess der jungen Frau. Sie verarbeitet viele ihrer Gefühle gestalterisch.

Es ist nicht wesentlich, um welche mögliche Trauersituation es sich handelt. Für alle gilt generell, möglichst zeitnah zu reagieren, Kontakt aufzunehmen und das Geschehen nicht zu ignorieren. Auch dann nicht, wenn wir selbst unsicher sind und nicht wissen, was wir sagen oder wie wir handeln sollen.

3.2 Kommunikation

Wir kommunizieren immer

»Wir können nicht nicht kommunizieren«, so eines der Kommunikationsaxiome von Peter Watzlawick. Dieser Leitsatz sollte im Umgang mit trauernden Jugendlichen besonders beachtet werden. Auch wenn wir nicht sprechen, vermitteln wir mit unserem Verhalten, mit Mimik oder Gestik Botschaften. Ignorieren wir beispielsweise das Geschehen, kann dies ausdrücken, dass wir nicht bereit sind, uns mit dem Betroffenen auseinanderzusetzen, ihn zu unterstützen, dass wir seinen Verlust nicht anerkennen. Trauernde werden auch unsere nonverbalen Botschaften erspüren und für sich deuten.

Den Tod zu begreifen und darüber zu sprechen, fällt schwer. Jugendliche nutzen die ihnen zur Verfügung stehenden Medien anders und in einer Form, die Erwachsenen oft fremd ist (vgl. erstes Kapitel). Manchmal erleichtern aber gerade Mails oder SMS den ersten Kontakt.

Persönliche Gespräche müssen unbedingt angeboten werden. Über das Erlebte zu sprechen, fördert den Trauerprozess, braucht aber auch den notwendigen Raum und die entsprechende Zeit. Bei einem Gesprächsangebot sollte dies berücksichtigt werden. Es kann nicht zwischendurch und unter Zeitdruck geführt werden. Meine Erfahrung ist, dass Jugendliche aber gerade anfangs nicht oder kaum über das Geschehen sprechen möchten, weil sie befürchten, dass dann ihre Gefühle ganz außer Kontrolle geraten. Lehrer sollten sich deshalb nicht von abweisendem Verhalten Jugendlicher irritieren lassen. Hier sollten in gewissen Abständen unaufdringliche Gesprächsangebote gemacht und eventuell auf externe Unterstützungsangebote hingewiesen werden.

Kongruenz

Verbale und nonverbale Botschaften sollten immer übereinstimmen, kongruent sein. Trauernde Kinder, Jugendliche oder Erwachsene nehmen sehr sensibel wahr und werden spüren, wenn Mimik, Gestik und Worte etwas anderes vermitteln als das, was wir innerlich fühlen. Rückzug, Vertrauensverlust und Gefühle von Einsamkeit sind die Konsequenz.

Nonverbale Kommunikation

Nonverbale Kommunikation bietet die Möglichkeit des Kontakts, wenn die Worte fehlen. Nähe, Verständnis und die Bereitschaft, da zu sein, mit auszuhalten, können über die Körpersprache vermittelt werden. Jugendliche müssen immer das Recht haben, Angebote abzulehnen.

Körperhaltung und Blickkontakt

Ein offener und stabiler Blickkontakt vermittelt Jugendlichen, dass sie wahrgenommen werden und wir mit ganzer Aufmerksamkeit im Kontakt sind. Dies wird zudem durch eine zugewandte, offene Körperhaltung ausgedrückt. Die Körpersprache ist eine gute Möglichkeit, eine Verbindung zu trauernden Jugendlichen herzustellen, wenn die Worte fehlen.

Ressourcenorientierte Kommunikation

Kommunikation sollte ressourcen- und entwicklungsorientiert sein und verbal wie nonverbal die Ganzheitlichkeit menschlichen Erlebens berücksichtigen, so Petra Rechenberg-Winter und Esther Fischinger. Ganzheitliche Kommunikation mit Trauernden umfasst nach ihrer Definition eine wertschätzende Sprache, Bewegung, Körpererfahrung, symbolische Handlungen Rituale, kreative Ausdrucksformen und die Wiederaneignung der Sinne (vgl. zweites Kapitel und die Kapitel 3.1; 5.6 und 5.7).

Interpretationen und Fragen

Im Gespräch sollten Wertungen, Interpretationen sowie fertige Antworten auf das *Warum* vermieden werden. Im Verlauf des Trauerprozesses wird jeder dem Geschehen seinen individuellen Sinn und seine persönliche Deutung geben.

Deshalb sollten Lehrer versuchen eine beobachtende, fragende und einfühlsame Haltung einzunehmen, ohne zu werten und zu interpretieren. Eigene Wahrnehmungen sollte nicht interpretiert werden. Dies sollte den Jugendlichen selbst überlassen werden. »Du weinst sicher, weil deine Mutter dir fehlt.« (Interpretation) – besser wäre: »Ich sehe, dass du weinst. Warum weinst du?«

Fragen sollten so gestellt werden, dass nicht nur mit »Ja« oder »Nein« geantwortet werden kann. Ressourcen- und lösungsorientiert zu fragen wäre z. B. »Welche schweren Krisen oder Verluste hast du bisher erlebt?«, »Wie hast du sie überstanden?«, »Was könntest du jetzt versuchen?«

Klare Sprache

Zweideutige Begriffe für Sterben und Tod sollten auch bei Jugendlichen nicht benutzt werden. Eine sprachlich deutliche Benennung des Geschehens fördert die Traueraufgabe *den Verlust als Realität zu akzeptieren.* Der Name des Verstorbenen sollte zudem ausgesprochen werden. So wird deutlich, dass der Tote weiterhin einen Platz im Leben hat und nicht auch noch *totgeschwiegen* wird.

Aktives Zuhören

Ein Gespräch über Tod und Trauer braucht Zeit und Raum. Daher sollte eine äußere Atmosphäre geschaffen werden, die Geborgenheit und Sicherheit vermittelt. Zudem erfordert es einen Gesprächspartner, der geduldig zuhört, manchmal auch bei Erzählungen gleichen oder negativen Inhalts. Es hilft Trauernden, den erlittenen Verlust zu realisieren, indem sie darüber sprechen können. Natürlich dürfen Jugendliche aber nicht zu einem Gespräch gezwungen werden.

Aktives Zuhören meint, zuzuhören ohne schon daran zu denken, was wir antworten möchten und ohne bereits eine Wertung oder Interpretation im Kopf zu haben. Das Gehörte kann in einer leicht veränderten Form gespiegelt werden. Diese kurze nicht wertende oder interpretierende Zusammenfassung des Gesagten zeigt dem Gegenüber, was wir von dem Erzählten verstanden haben (vgl. St. Witt-Loers: Trauernde begleiten. Göttingen 2010, St. Witt-Loers: Kindertrauergruppen leiten – ein Handbuch. Gütersloh 2013). Eigene Gefühle, die beim Zuhören auftauchen, können mitgeteilt werden. Sie vermitteln Verständnis und Mitgefühl.

Informieren

Jugendliche sollten sachlich und ehrlich über den Tod eines Mitschülers oder Lehrers informiert werden. Nur so ermöglichen wir eine Auseinandersetzung. Betroffene Jugendliche und Erwachsene sollten darauf aufmerksam gemacht werden, dass die Gefühle, die sie in der Trauer erleben, natürlich sind. Wir sollten erklären, dass die intensiven und oft sehr unterschiedlichen Gefühle zur Trauer gehören und dass diese auch sein dürfen. Das entlastet trauernde Jugendliche von dem häufigen Empfinden, anormal oder verrückt zu sein. Zu hören, dass es anderen ähnlich geht, erleichtert ebenfalls. Jugendliche sollten ermutigt werden Gefühle zuzulassen, sich gegenseitig in der Trauer zu tolerieren und miteinander zu kommunizieren. Gefühle in der Trauer auszudrücken, ist ein wichtiger Aspekt im Trauerprozess. Deshalb sollten Trauernde darüber informiert und darin bestärkt werden (vgl. zweites Kapitel – aber Vorsicht bei traumatischer Trauer: Hier sollte professionelle Hilfe gesucht werden).

Das Wissen um Trauerreaktionen und Prozesse kann helfen, Trauerprozesse zu durchleben, Anregungen für den eigenen Trauerprozess geben und eine Reflektion ermöglichen. Unterstützend kann es für trauernde Jugendliche ebenfalls sein, wenn sie über Unterstützungsmöglichkeiten informiert werden. Hier können Schulen Listen mit entsprechenden Kontaktstellen, Internetlinks oder Literaturhinweisen weitergeben. Zudem ist es wertvoll, selbst über Trauerreaktionen, Trauerprozesse und Aufgaben (vgl. zweites Kapitel) informiert zu sein (Beispielsweise auch intensives Traumerleben, Albträume, Aggression …) und wesentliche Aspekte an die betroffenen Schüler und an das soziale Umfeld des Betroffenen: Eltern, Mitschüler, Kollegen etc. zu vermitteln. Kollegen, eventuell auch Mitschüler, sollten nach Absprache mit dem Jugendlichen über die Situation des Jugendlichen informiert und für dessen Bedürfnisse sensibilisiert werden. So kann ein einfühlsamer und behutsamer Umgang in der schweren Zeit eine wertvolle Unterstützung für trauernde Jugendliche sein. Die Zusammenarbeit des schulischen, familiären und des weiteren sozialen Umfelds ist ebenfalls ein wesentlicher Aspekt des Beistands. Lehrer können als Bezugspersonen im schulischen Umfeld wichtige Vernetzungsarbeit leisten und dazu beitragen, Wege der Kommunikation und Verständigung zu bahnen.

3.3 Orientierungshilfen in der Begleitung

Bedürfnisse

Die individuellen Bedürfnisse von trauernden Schülern wahrzunehmen, ist nicht immer leicht. Wünsche und Bedürfnisse der trauernden Jugendlichen können erfragt, müssen aber dann auch respektiert und unterstützt werden. Jugendliche müssen von ihren Lehrern Zuwendung, Mitgefühl, konkrete Unterstützung sowie gleichzeitig respektvolle Distanz erwarten dürfen. Hilfreich sein kann die konkrete Aufforderung, sich auf das, was in schweren Situationen und Krisen schon einmal gut getan hat, zu besinnen. Darüber hinaus sollten Schüler darin bestärkt werden, Dinge zu tun, die Freude machen. Lehrer sollten ihren Schülern – im Idealfall schon vor einer Krise – das Gefühl vermitteln, dass sie sich im Notfall ohne Bedenken an sie wenden können. Jugendliche sollten bei Leistungsabfall oder auffallend geringer mündlicher Beteiligung am Unterricht Verständnis und Zuwendung erfahren.

Den Verlust als Realität begreifen

Anzuerkennen, dass der Verstorbene nie wiederkehrt, dass er unwiederbringlich und endgültig tot ist, ist eine sehr schwere, schmerzhafte und kraftraubende Aufgabe für Trauernde. Wie wir bereits gesehen haben, wird die Trauer intensiver sein, je enger die Bindung zum Verstorbenen war.

Der schmerzhafte, aber notwendige Prozess, den Tod als Realität anzuerkennen, kann durch das aktive Gestalten des Abschieds und durch Trauerrituale hilfreich begleitet werden. Trauernde Jugendliche sollten deshalb ermutigt werden, von dem Verstorbenen Abschied zu nehmen. Dies kann bedeuten, den Verstorbenen noch einmal zu sehen, ihn zu berühren und noch etwas zu sagen oder mitzugeben. Das Verstehen des Todes wird durch die Möglichkeit, auch sinnlich und haptisch zu *begreifen,* unterstützt.

Sich zu verabschieden fördert die Traueraufgabe *den Verlust als Realität zu akzeptieren.* Deshalb sollten Jugendliche genügend Raum, Zeit und Möglichkeiten bekommen, um Abschied zu nehmen. Dies kann in Form einer Verabschiedung vom Leichnam, in einer Trauer- oder Abschiedsfeier oder kognitiv durch das Aufschreiben von Abschiedsbriefen (Formulierung von Ungesagtem: Dank, Verzeihung, Wunsch, Bitte …) oder durch andere kreative Ausdrucksformen (dem Verstorbenen etwas mitzugeben …) ermöglicht werden (vgl. Kapitel 5.6 und 5.7).

Kein Zwang

Jugendliche sollten nicht gezwungen werden, an der Beerdigung, Trauerfeier oder anderen Angeboten teilzunehmen. Jeder empfindet anders und entscheidet vor dem Hintergrund seiner eigenen Lebensgeschichte sowie nicht immer bekannten Faktoren, die diese persönliche Entscheidung beeinflussen. Angebote sollten stets Angebote bleiben.

Kontinuität

Gesprächs- oder Unterstützungsangebote sollten immer wieder im Verlauf der Zeit gemacht werden. So kann trauernden Jugendlichen weiterhin Verständnis und Anteilnahme signalisiert werden. Besondere Jahrestage und Ereignisse im Zusammenhang mit dem Erlebten sollten berücksichtigt werden (vgl. Kapitel 5.7).

Erhaltung von Gesundheit

Ein weiterer Aspekt, auf den Jugendliche aufmerksam gemacht werden sollten, ist, dass sie in der Trauer gut für sich sorgen sollten. Dazu gehört, sich zu bewegen, sich gesund zu ernähren, zu schlafen, mit vertrauten Menschen sprechen und Dinge zu tun, die Spaß machen. Das können ein Kinobesuch, Tanzen gehen, ein Besuch in einem Freizeitpark oder andere als wohltuend empfundene Aktivitäten sein.

Ausdruck von Gefühlen und Gedanken ermöglichen

Jugendliche benötigen – wie Erwachsene– in der Trauer Zeit und Raum, um ihren unterschiedlichen und vielfach widersprüchlichen Gefühlen und Gedanken Ausdruck zu verleihen. Lehrer sollten begleiten beim Erleben und Zulassen von Gefühlen, ohne die Gefühle der trauernden Jugendlichen zu bewerten. Dies kann durch kreatives Tun, Gespräche, Bewegung oder Rituale ermöglicht werden. Jugendliche brauchen Gelegenheit, sich den eigenen Gefühlen zu nähern, diese anzunehmen, sie auszudrücken, sich aber dann auch wieder davon distanzieren zu dürfen, um Kraft für den anstrengenden Trauerprozess zu sammeln. Hilfreich ist, ausdrücklich darauf hinzuweisen, dass Weinen ein wichtiges Element der Trauerarbeit ist und dass sich niemand seiner Tränen schämen sollte. Die bewusste *Erlaubnis* weinen zu dürfen erleichtert es Jugendlichen zudem ihren Gefühlen nachzugeben (vgl. Kapitel 5.6 und 5.7).

Erinnerung ermöglichen

Die Traueraufgabe *den Schmerz erfahren* beinhaltet auch, sich mit den positiven wie negativen Erinnerungen an den Verstorbenen zu befassen. Aus wohlgemeintem Schutz oder aus Unsicherheit werden in der Schule Gespräche über den Toten mit Jugendlichen oft vermieden. Über den Verstorbenen zu sprechen, sich an ihn zu erinnern, lindert den Schmerz und ermöglicht es, ihm einen *neuen Platz* im Leben zu geben (vierte Traueraufgabe nach W. Worden). Schöne Erinnerungen können weiterhin stärkend begleiten und wirken tröstend, weil deutlich wird, dass nicht alles mit dem Tod verloren geht. Über negative Erlebnisse im Zusammenhang mit dem Toten sprechen zu dürfen, kann Jugendliche wiederum entlasten. Wenn Jugendliche die Möglichkeit bekommen, Erinnerungen miteinander zu teilen und sich über Erlebtes auszutauschen, verbindet dies miteinander. Zugleich wird es möglich, den Verlust in die persönliche Lebensgeschichte zu integrieren sowie eine fortdauernde Bindung zum Gestorbenen zu schaffen.

Dem Verstorbenen einen neuen Platz geben

Der Platz des verstorbenen Mitschülers oder Lehrers sollte nicht direkt wieder neu besetzt werden. Dies vermittelt allen Beteiligten, dass der Verstorbene nicht vergessen ist. Meist wird im Rahmen eines neuen Stundenplans zum Halbjahr oder zum Schuljahreswechsel der Raum- und Sitzplan verändert, sodass sich damit automatisch eine neue Sitzordnung ergibt. Nicht sofort alle Spuren des/der Verstorbenen zu beseitigen, drückt zudem dem Verstorbenen und seinen Angehörigen gegenüber Wertschätzung und Respekt aus. Am Platz des/der Verstorbenen können für die erste Zeit eine Kerze oder Blumen aufgestellt werden.

Im Laufe des Trauerprozesses wird der Platz des Verstorbenen sich wandeln und einen anderen, neuen Platz für jeden Einzelnen, aber auch im System einnehmen. Lehrer sollten mit Jugendlichen darüber sprechen, wo sie den Verstorbenen jetzt vermuten. So können eigene tröstliche Bilder gefunden werden. Diese sollten nicht bewertet und persönliche Vorstellungen sollten nicht aufgezwungen werden. Innere *neue Plätze* können Jugendliche für den Verstorbenen finden, indem sie sich bewusst machen, was der Verstorbene ihnen im Leben bedeutet hat. Der Verstorbenen kann und darf auch weiterhin begleiten als *innerer Ratgeber, Impulsgeber, guter Freund, Beschützer, Bestärkender.* Den *neuen Platz* des Verstorbenen sollten Jugendliche nicht als belastend oder überwiegend beängstigend empfinden. Sind trauernde Jugendliche mehr mit negativen Anteilen (Wut, Angst, Abscheu, Entsetzen) an den gestorbenen Menschen gebunden, sollte eine professionelle Trauerbegleitung empfohlen werden.

Die Erinnerung an Verstorbene im Schulleben an besonderen Tagen oder zu besonderen Ereignissen zeigt, dass der Verstorbene nicht vergessen ist und weiterhin einen Platz in der Schulgemeinschaft hat, ohne dass der Tod an sich verleugnet wird.

Äußere Plätze finden in der Schule beispielsweise Ausdruck in einer Gedenktafel, einem für den/die Verstorbene/n gepflanzten Baum, einem Bild oder einer Collage oder indem er/sie bei besonderen Feiern erwähnt wird.

Soziales Netz und Stabilität

Gemeinschaft und eine positive Unterstützung des sozialen Umfelds helfen die Trauer zu durchleben. Deshalb unterstützt ein tragfähiges soziales Netz trauernde Jugendliche dabei mit dem Verlust leben zu lernen.

Dies zu aktivieren und gegebenenfalls auszubauen kann eine wichtige Aufgabe sein, die Lehrer übernehmen können (Kontakt mit Angehörigen, Mitschülern …). Sich einer Gemeinschaft zugehörig zu fühlen, dort Anteilnahme und Zuspruch zu erfahren, kann den Trauerprozess erleichtern. Zugleich kann Schule durch ihren äußeren strukturellen Rahmen (Unterricht, Lehrer, Mitschüler, Gebäude) Stabilität vermitteln. »Nicht alles hat sich geändert, manche Strukturen und Abläufe bleiben verlässlich erhalten.« Dieses Erleben kann im Trauerprozess sehr hilfreich sein, da trauernde Schüler so Kraft, Hoffnung, Kontinuität und Stabilität erfahren können.

Glaube und Spiritualität

Heute sind in Schulen sehr verschiedene Glaubensrichtungen vertreten. Zugleich glauben immer mehr Jugendliche nicht oder sind in ihrem persönlichen Glauben nicht konfessionell gebunden. Wesentlich ist es deshalb, Jugendlichen den entsprechenden Freiraum auch im Umgang mit dem Tod zu lassen, ihnen keine Glaubens- oder Jenseitsvorstellungen aufzuzwingen, sie nicht zu Gebeten, die sie selbst für sich nicht wählen würden, zu zwingen. Auch wenn wir selbst Trost und Kraft im eigenen Glauben finden, müssen Jugendliche über ihren persönlichen Umgang damit entscheiden dürfen. Werden Jugendliche in dieser Hinsicht bevormundet, werden sie sich zurückziehen, sich nicht ernst genommen und allein gelassen fühlen. Wünschenswert wäre es, wenn Pädagogen über verschiedene Glaubensrichtungen und Bestattungsarten informiert wären, um auf Fragen in diesem Zusammenhang eingehen zu können.

Sind Jugendliche religiös verankert oder finden sie durch das Ereignis zu einer religiösen Lebensdeutung, kann Glaube und Spiritualität für sie nach einem Verlust ein stützendes und wichtiges Element in der Trauerarbeit sein. Nicht nur sachliche Antworten nach dem Sinn des Lebens oder dem Verlust finden hier Raum, sondern auch Hoffnung und Lebensmut können erfahren werden.

Sinngebung

Es ist ein natürliches menschliches Bedürfnis nach Sinn zu suchen. Die Freud'sche Auffassung, dass der, der nach dem Sinn des Lebens fragt, krank ist, hat in der modernen Psychoanalyse längst keine Gültigkeit mehr.

Ein erlittener Verlust bedeutet tiefen Schmerz. Mit dem Verlust kann der eigene Lebenssinn und die Lebensfreude – manchmal auch der Lebenswille – verloren gehen. Gleichzeitig kann die Verlusterfahrung aber auch eine Chance für die Wertschätzung und richtungsweisend für das persönliche Leben sein.

Finden Jugendliche keinen Sinn mehr im eigenen Leben, kann eine fachliche Unterstützung helfen.

Die individuelle Sinngebung, die Bewertung bzw. Sicht auf den Verlust spielt sicher eine entscheidende Rolle dabei, wie dieser letztlich in das eigene Leben integriert werden kann. Haben nur negative Aspekte Raum wird es schwerer sein, diesen in die eigene Lebensgeschichte aufzunehmen.

Es sollten keine fertigen Antworten auf das *Warum*, den *Sinn des Geschehens* oder den *Sinn des Lebens* gegeben werden. Zudem sollten nicht verständliche oder ungewöhnliche Trauerreaktionen nicht bewertet werden. Formen des individuellen Umgangs mit der Trauer sollten unterstützt werden. Eigene Erfahrungen, Meinungen und Glaubensauffassungen können geäußert werden. Dies sollte jedoch in einer Form geschehen, die offen und respektvoll anderen Werten gegenüber ist. Individuelle Werte und Erfahrungen sollten nicht zum Maßstab gemacht werden.

Trost und Mitgefühl

Mitgefühl und Trost sind für Menschen, die einen schweren Verlust erlitten haben, wichtig, um selbst weiter leben zu können. Oft werde ich in diesem Zusammenhang von Menschen, die Trauernden begegnen, gefragt, wie man denn richtig tröstet, was denn überhaupt noch hilft bei einem schweren Verlust. Kurz zusammengefasst kann ich aus meiner Erfahrung mit Trauernden heraus – dies bestätigt auch die Trauerforschung – sagen: Präsenz, da sein, wenn andere leiden, die Gefühle und den Schmerz mit aushalten, Zuwendung und wertschätzenden Respekt haben vor den Lösungen, die Trauernde für sich und ihre Situation finden. Immer wieder bin ich in der Begleitung trauernder Menschen, ob jung oder älter, tief bewegt, wie viel Mut und Kraft Trauernde aufbringen, um die Herausforderungen, Belastungen und neuen Aufgaben nach dem Tod eines nahe stehenden Menschen zu bewältigen. Dies immer wieder zu würdigen, auch wenn dabei nicht immer alles gelingt, ist ein wichtiger Beistand in der Trauer.

Trost finden

Trost können Trauernde für sich finden, wenn sie die Veränderung und den Wandel als zum Leben gehörend verstehen. Zugleich kann eine positive Jenseitsvorstellung (Da, wo der Verstorbene jetzt ist, geht es ihm gut.) als tröstlich empfunden werden. Die Auseinandersetzung mit dem Verlust findet dann auch auf einer anderen Ebene statt. Es wird möglich, neue Perspektiven und Sichtweisen zu entwickeln, auch wenn es immer wieder Zeiten besonders intensiven Trauerschmerzes geben wird. Dankbarkeit und eine positive Sicht auf Vergangenes sowie Zukünftiges, die Aktivierung positiver innerer Bilder, Vorstellungen und das Empfinden eigener Sinnhaftigkeit können dabei unterstützen, nach einem Verlust zu einem erfüllten Leben zu finden.

Praktische Unterstützung

Trauernden Schülern sollte auch praktische Unterstützung angeboten werden. Praktische Hilfe kann im Trauerprozess entlasten und dem Gefühl von Überforderung entgegenwirken. Entlastungen können Angebote zur Vorbereitung auf Klassenarbeiten/Klausuren, Hausaufgabenhilfen, Hilfe beim Erlernen neuer Fähigkeiten (kochen, einkaufen …) sportliche oder kreative Angebote, formale Unterstützung (Anmeldung Mensa, Anmeldung an einer neuen Schule, Kontakte herstellen – Verein, neue Lehrer …) sein.

Ressourcen aktivieren

Eine ressourcenorientierte Sicht auf den Einzelnen sowie auf die Klasse/den Kurs oder die Schule richtet den Fokus auf positive Aspekte und Stärken. Darauf zu schauen, was trotz des schlimmen Ereignisses gut und nicht verloren ist, unterstützt mit den Anforderungen des Alltags, der weitergeht, zurechtzukommen und den Trauerprozess zu durchleben. Ressourcen zu aktivieren bedeutet, persönliche und gemeinschaftliche Stärken aufzudecken und zu fördern, das Selbstbewusstsein zu stärken, Zeiten und Erlebnisse bewusst zu machen, die positiv erlebt wurden, sowie eine Neuorientierung in einem Leben ohne den Verstorbenen zu fördern und zu unterstützen.

Hierbei sollten innere, äußere und externe Ressourcen, so intensiv wie möglich gefördert werden (vgl. zweites Kapitel).

Das kann in der Praxis beispielsweise bedeuteten, aktive Bewältigungsstrategien wie kreatives Tun zu unterstützen und zu bestätigen, Selbstbewusstsein zu stärken, aber auch emotionale Beziehungen stabil zu halten.

Hoffnung

Trauernde Jugendliche brauchen die Aussicht auf eine lebenswerte Zukunft. Deshalb sollten Ressourcen und tragfähige Hoffnungssymbole, die dem Verlust mit seinem Schmerz und seinen Konsequenzen nicht ausweichen, sondern ihn integrieren, herausgearbeitet werden. Lehrer sollten darauf hinweisen, dass sich auch in scheinbar hoffnungslosen Situationen immer neue Wege, Möglichkeiten und Perspektiven eröffnen können.

4 Mögliche Trauersituationen in der Schule

Verlusterfahrungen und Krisen erfordern körperliche und seelische Kräfte, um sie zu durchleben. Oft ist eine Unterstützung von außen hilfreich, weil sie ermöglicht, die Situation gemeinsam zu tragen. Mittlerweile existieren viele gut funktionierende Unterstützungssysteme zur schulischen Krisenintervention bei Amokläufen, anderen Gewaltverbrechen oder Katastrophen.

Leider wird aber noch immer auf die Verluste, die am häufigsten im Lebensbereich Schule auftreten, den Tod eines Angehörigen, eines Lehrers oder Mitschülers, zu wenig eingegangen. Mangelnde Informationen und Vorbereitung zum Themenbereich sowie eigene Ängste führen dazu, diese Tode und die Trauer der Hinterbliebenen zu ignorieren. Für Trauernde im Schulsystem macht gerade diese fehlende Beachtung und Unkenntnis das Leben in der Schule, zusätzlich zum erlittenen Verlust, schwer. Fühlen sich Verantwortliche in der Schule mit der Situation überfordert, kann auch hier Hilfe und Beistand von außen angefordert werden. Das ist für alle hilfreicher als den Umgang mit dem Thema zu meiden. Qualifizierte Trauerbegleiter verschiedener Institutionen, Hospize, Kirchen, Schulpsychologische Dienste oder Schulämter bieten professionelle Unterstützung oder entsprechende Kontaktadressen, auch beim Tod eines Angehörigen, Lehrers oder Mitschülers. Andere Krisen wiederum erfordern unbedingt den Einsatz von Experten.

4.1 Traumatische Trauer

Amokläufe, Bombendrohungen oder andere Katastrophen machen eine psychosoziale Notfallversorgung durch erfahrene schulische Kriseninterventionsteams unerlässlich. Auch der Tod als Folge eines Unfalls, eines Suizids, eines Gewaltverbrechens oder einer Katastrophe kann zu belastenden Traumata und komplizierten Trauerprozessen führen, die von Psychotraumatologen, Psychologen oder erfahrenen Trauerbegleitern begleitet und aufgelöst werden müssen.

Gerade bei Katastrophen können Schulen auf Unterstützungsmechanismen von außen (Seelsorger, Kriseninterventionsteams, Polizei,

Psychologen …) zurückgreifen. Sie leisten den Verantwortlichen der Schule bei den notwendigen und schnell zu treffenden Entscheidungen Beistand und gewähren Sicherheit. Nach traumatischen Erfahrungen sollten Jugendliche darüber informiert werden, dass Reaktionen, die durch das Trauma ausgelöst wurden, wie z. B. Weinen, Zittern, Frieren, Erstarrung, aggressives Verhalten, Lachen, Sprachlosigkeit, Angst, Einnässen, starkes Schwitzen oder Erinnerungslücken, normale Auswirkungen sind.

Menschen reagieren auf eine gleiche Belastung unterschiedlich. Resilienzfaktoren und Ressourcen beeinflussen die Reaktionen auf ein traumatisches Erlebnis. Traumatische Trauer kann mit Sicherheit erst ab einem Zeitpunkt von sechs Monaten nach dem Tod benannt werden, so der BVT e. V. (Bundesverband Trauerbegleitung). Deshalb sollten Schüler nicht nur direkt nach einem traumatischen Erlebnis begleitet werden. Sie müssen auch längerfristig aufmerksam beobachtet werden und ihnen müssen Hilfen angeboten werden (vgl. zweites Kapitel und besondere Literaturhinweise im Kapitel 5.8).

4.2 Tod eines nahe stehenden Menschen

Oben genannte Unterstützungsmechanismen sowie ein Austausch oder ein Rückgriff auf Erfahrungen mit ähnlichen Situationen fehlen häufig, wenn ein einzelner Schüler oder ein Lehrer der Schule stirbt. Aber gerade solche Situationen kommen viel häufiger vor als Katastrophen. Die Verantwortlichen der Schule müssen damit meist allein zurechtkommen und handlungsfähig bleiben. Sie werden plötzlich vor viele bedeutsame Entscheidungen gestellt, erleben aber gleichzeitig oft ihre eigene Betroffenheit.

Der Tod eines Angehörigen ist ein einschneidendes Ereignis, das in der Schule noch immer zu wenig Beachtung findet. Mein Eindruck aus der Praxiserfahrung ist, dass hier Schüler wie Lehrer kaum wahrgenommen werden und keine oder nur geringe Unterstützung erfahren. Stirbt ein Elternteil, ein Bruder, eine Schwester oder auch ein Großelternteil (oft bestehen enge Bindungen zu Großeltern), bringt dieser Tod neben dem Schmerz um den Verlust auch viele Veränderungen im Alltag des betroffenen Schülers oder Lehrers mit sich. Bisherige Lebensbedingungen ändern sich und werden oft von existenziellen Sorgen und Ängsten begleitet (Umzug: dadurch Verlust des schulischen Umfelds, gewohnter Umgebung, des weiteren sozialen Umfeldes, Versorgung durch andere Personen, Mehrbelastung des zurückbleibenden Elternteils, finanzielle Unsicherheit, Trauer und Sorgen der Bezugspersonen, zusätzliche Belastungen wie Krankheit, Arbeitslosigkeit …). Trauernde Jugendliche müssen lernen, sich an neue Lebenssituationen anzupassen, neue Rollen einnehmen (Einzelkind, ältestes Kind). Es besteht die Gefahr, dass trauernde Jugendliche die Rolle des Verstorbenen (Vater, Mutter, Geschwister) übernehmen, sich damit überfordern und das Finden der eigenen Identität blockiert oder erschwert wird.

Sich an die neue Lebenssituation anzupassen erfordert viel Kraft und häufig die Entwicklung neuer Fähigkeiten. Zudem löst der Verlust eines nahe stehenden Menschen vielfach Gefühle wie *im Stich gelassen* worden zu sein und eigener Sinnlosigkeit aus. Jugendliche fühlen sich deshalb nicht mehr ihrer Peergruppe (Gleichgesinnte/Gleichaltrige) zugehörig, können sich nicht mehr damit identifizieren. Das verstärkt die Gefühle von Einsamkeit und Isolation. Gerade aber die Peergruppe erfüllt eine wichtige Funktion in der Zeit der Pubertät.

Tod eines Geschwisters

Stirbt ein Geschwister, ist das gesamte soziale Umfeld durch den Tod des jungen Menschen betroffen. Häufig haben Eltern nicht die Kraft zurückbleibende Kinder und Jugendliche unterstützend zu begleiten. Jugendliche müssen mit den vielfältigen Reaktionen ihrer Bezugspersonen zurechtkommen. Das kann die Erwartung sein, dass lebende Geschwister die Rolle des verstorbenen Geschwisters übernehmen, dass nicht über den Verstorbenen gesprochen wird, möglicherweise gehen Partner mit der Trauer sehr unterschiedlich um und gegenseitige Akzeptanz fehlt. Vielfach haben Bezugspersonen Angst, auch das überlebende Kind zu verlieren, und reagieren mit überbehütendem Verhalten. Jugendliche haben dann oft nicht die Möglichkeit ihre eigene Identität und individuelle Lebensauffassung zu entwickeln.

Praxisbeispiel: Maries Bruder Felix (20 Jahre) und sein Freund Marc (19 Jahre) sterben bei einem Autounfall, den Felix durch zu schnelles Fahren verursacht hat. Marie (17 Jahre) möchte nach dem Tod der jungen Männer den Führerschein machen. Ihre Eltern kommen mit diesem Wunsch nicht zurecht und verbieten Marie die Ausbildung. Sie verkaufen das Auto des Bruders und möchten auch nicht, dass Marie bei Freunden im Auto mitfährt. Diese Haltung erschwert der trauernden Marie das Leben zusätzlich. Es wird schwerer, soziale Kontakte aufrecht zu halten und eigene Ängste in Bezug auf das Autofahren zu bewältigen.

Nach dem Tod eines Geschwisters fühlen sich Jugendliche oft unbedeutend und überflüssig. Auch die Angst, selbst bald sterben zu müssen, tritt häufig auf. Zudem können Gedanken von Schuld, weil das Verhältnis zum verstorbenen Geschwister nicht immer harmonisch war, sehr belastend sein.

Tod einer Freundin oder eines Freundes

Der Tod eines Freundes oder einer Freundin kann für Jugendliche sehr schwer und schmerzhaft sein. Vielfach wird er nicht so eingeschätzt. Häufig ist in der Pubertät gerade der Freund oder die Freundin einer der wichtigsten Menschen. Stirbt dieser vertraute Mensch, bricht eine Welt zusammen, empfinden Jugendliche sich unendlich einsam und das eigene Leben erscheint sinn- und wertlos.

Tod eines getrennten Elternteils

In der Praxis begegnen mir immer mehr trauernde Jugendliche, die einen Elternteil aus einer geschiedenen Ehe verlieren werden oder verloren haben. Deshalb halte ich es für dringend notwendig, sich intensiver mit diesem Thema zu beschäftigen.

Häufig geraten Jugendliche durch den Tod des Elternteils in eine schwere Krisensituation. Besonders dann, wenn es sich um den fürsorgenden Elternteil handelt. Eine professionelle Begleitung dieser Jugendlichen ist aus unterschiedlichen Gründen zu empfehlen.

Vielfach haben Jugendliche nach der Trennung bereits einen langen, schmerzvollen Weg bis zu einer neuen, relativ konstanten Lebenssituation hinter sich, die nun vielleicht durch den Tod des versorgenden Elternteils erneut zusammenbricht.

Durch den Tod eines Elternteils bestätigen sich oft Ängste, den Vater oder die Mutter nicht mehr wiederzusehen, die Jugendliche schon bei der Trennung entwickelt haben. Die Endgültigkeit, den einen Elternteil tatsächlich für immer verloren zu haben und mit nur noch einem Elternteil leben zu müssen, keine möglichen *Alternativen* mehr zu haben, kann als starke Belastung empfunden werden. Zudem kann die geschlechtliche Identitätsfindung durch das Fehlen eines Elternteils erschwert werden.

Darüber hinaus wird die oft herbeigesehnte Wiedervereinigung der Eltern durch den Tod unmöglich gemacht. Versagensgefühle, die eventuell schon bei der Trennung eine Rolle gespielt haben, können verstärkt werden und bis zu eigener Entwertung oder zu selbstverletzendem Verhalten führen. Häufig treten Schuldgefühle in diesem

Zusammenhang auf. Gedanken von Schuld, die Trennung und den Tod nicht verhindert zu haben, können starke Verunsicherung und Selbsthass bei den betroffenen Jugendlichen auslösen.

Das familiäre und soziale Netz Jugendlicher ist nach der Trennung der Eltern häufig nicht mehr intakt, weil Familienmitglieder, auch Großeltern, miteinander im Streit sind und Beziehungen abgebrochen wurden. Deshalb fühlen sich Jugendliche nach dem Tod eines nahe stehenden Menschen oft sehr einsam.

Viele Faktoren (psychische, soziale, individuelle) erschweren Jugendlichen aus geschiedenen Ehen deshalb den Trauerprozess. Ihnen sollte neben einer fachlichen Unterstützung auch vonseiten der Schule eine besondere Aufmerksamkeit und Fürsorge entgegengebracht werden. Näher beschäftige ich mich mit dem Thema in St. Witt-Loers, Kindertrauergruppen leiten – ein Handbuch, Gütersloh 2013.

Mehrfachverluste

Für Jugendliche, die einen nahe stehenden Menschen durch den Tod verloren, zuvor aber bereits durch die Trennung der Eltern einen schweren Verlust erfahren haben, ist der Trauerprozess besonders schwer. Jugendliche haben durch die Trennung der Eltern häufig nicht nur den engen Bezug zu einem Elternteil verloren. Vielfach mussten sie zusätzlich schwerwiegende Verluste, beispielsweise durch einen Umzug, Trennung von Geschwistern, Schulwechsel oder dadurch, dass das Haustier nicht mehr gehalten werden konnte oder Hobbys nicht mehr weitergeführt werden konnten, erleiden. Zudem muss der gewohnte Lebensstandard wegen finanzieller Einbußen häufig eingeschränkt werden. Außerdem leiden Jugendliche darunter, wenn Eltern nicht in der Lage sind, die Sorgerechtsfrage problemlos und schnell zu lösen. Somit haben Jugendliche aus getrennten Beziehungen, die den Tod eines nahe stehenden Menschen oder Elternteils erleben, meist hohe Belastungen auszuhalten, die vielfach eine professionelle Unterstützung erfordern.

Scham

Die Scheidung der Eltern, aber auch der Tod eines Elternteils wird von Jugendlichen häufig als Makel empfunden. Der *doppelte Makel,* Trennung *und* Tod, führt vielfach zu einer eigenen Entwertung. Jugendliche empfinden sich als *falsch,* finden keinen Lebenssinn, keine Lebensfreude, da sie das Leben als enorm unsicher, nicht verlässlich erleben. Den normalen Prozess des Wandels und der Veränderung erfahren sie als starke Bedrohung. Jugendliche sollten hier gut begleitet werden, damit sie zu einem sinnerfüllten Leben finden können. Trauernde Jugendliche sprechen auch deshalb oft nicht über ihre Lebenssituation, weil sie sich schämen und es ihnen peinlich ist, keine *intakte* Familie mehr zu haben, wenn ein Elternteil gestorben ist (vgl. St. Witt-Loers: Kindertrauergruppen leiten – ein Handbuch. Gütersloh 2013).

Praxisbeispiel: So hat beispielsweise Marvin (17 Jahre) den Tod seines Vaters über ein Jahr lang geheim gehalten. Nur durch einen Zufall erfuhren seine Mitschüler davon. Diese empfanden ihrerseits Scham, weil Marvin nicht das Vertrauen hatte, ihnen von seiner Lebenssituation zu erzählen. Außerdem sprechen trauernde Jugendliche häufig nicht über ihre Gefühle, weil sie Angst haben, beim Erzählen die Kontrolle darüber zu verlieren. Scham und die Sorge vor zusätzlicher Verletzung verhindern so ein offenes Gespräch.

Information an Kollegen

In Schulen geht häufig die Information unter, dass ein Jugendlicher vom Tod eines nahe stehendenden Menschen betroffen ist. Oft werden Pädagogen auch nicht darüber informiert. Bezugspersonen und die betroffenen Jugendlichen sind meist emotional nicht in der Lage ihre Lebenssituation zu schildern. Oder sie wissen nicht, an wen sie sich in ihrer Verfassung wenden können. Sie haben Angst, bei einem Gespräch die Kontrolle über ihre Gefühle zu verlieren. Gerade hier könnte ein offener präventiver Umgang helfen die Situation für Betroffene zu erleichtern.

Meine Erfahrung ist, dass Betroffene sehr erleichtert sind, wenn sie wissen, dass das schulische Umfeld gut informiert ist. Trauernde Kinder und Jugendliche können dadurch insgesamt im Trauerprozess besser unterstützt werden. Die Schule angemessen zu informieren, kann Aufgabe einer Trauerbegleitung sein. Sie kann aber auch von Menschen aus dem nahen Umfeld der betroffenen Familie nach Absprache mit den Betroffenen übernommen werden.

Ist bekannt, dass ein Schüler oder Lehrer einen nahe stehenden Menschen durch den Tod verlieren wird oder verloren hat, sollten diese Informationen sachlich an das Kollegium und insbesondere an Kollegen, die in direktem Kontakt mit dem trauernden Jugendlichen sind, weitergeleitet werden. Zudem habe ich die Erfahrung gemacht, dass es besser ist, dies auch schriftlich zu tun. Gerade an weiterführenden, großen Schulen gehen diese wichtigen Informationen schnell verloren, da nie alle Lehrer anwesend sind (Klassenfahrt, Schwimmhalle,

Krankheit …). Erst durch gezielte Information der entsprechenden Lehrer wird eine sensible Unterstützung des trauernden Jugendlichen möglich. Deshalb ist es wesentlich, alle Kollegen, die den trauernden Jugendlichen unterrichten, über die Lebenssituation des Schülers und die Unterstützungsmöglichkeiten zu informieren.

Kontakt zu trauernden Jugendlichen und ihren Angehörigen

Ist bekannt, dass ein Schüler einen nahen Angehörigen durch den Tod verloren hat, sollte dieser angesprochen werden. Jugendlichen dann aus dem Weg zu gehen, so mit ihnen umzugehen, als sei nichts geschehen, ist sehr verletzend. Die Sorge, den Betroffenen mit dem Ansprechen auf das Thema zusätzlich zu belasten, ist unnötig, da er emotional und bei der Bewältigung des Alltags sowieso mit dem Verlust beschäftigt ist. Auf den Schüler zuzugehen und den Kontakt zu suchen signalisiert Interesse und Gesprächsbereitschaft. Eine freundliche Geste oder ein einladender Satz können den ersten Kontakt erleichtern. Der erste Kontakt mit Trauernden nach dem Tod eines nahen Angehörigen fällt oft sehr schwer. Mitschüler wie Lehrer wissen nicht, wie sie reagieren, was sie sagen sollen. Sie möchten nicht verletzen, haben Angst falsche Worte zu wählen. Deshalb fehlt oft der Mut das Geschehene anzusprechen. Betroffene empfinden dies als Ignoranz und fühlen sich in ihrer Situation allein gelassen.

Kontakt mit dem betroffenen Schüler aufzunehmen und gegebenenfalls auch mit der betroffenen Familie (z. B. durch einen angekündigten Besuch) erleichtert oftmals die erste schwere Zeit für den Schüler in der Schule. Meine Erfahrung beim ersten Zusammentreffen mit Trauernden ist, dass es Betroffenen in dieser Situation gut tut, persönliche Anteilnahme und Zuwendung zu erfahren. Trauernden hilft es, über den Gestorbenen zu sprechen, sich zu erinnern und die damit verbundenen Gefühle auszudrücken.

Je nach Situation kann regelmäßiger Kontakt und Austausch mit den Bezugspersonen oder Erziehungsberechtigten ein hilfreiches Element in der Unterstützung des trauernden Jugendlichen sein. Dabei müssen Jugendliche einbezogen werden, damit sie nicht das Gefühl bekommen, dass über sie hinweg entschieden und gehandelt wird.

Gesprächsangebot

Ein Gespräch über den Tod eines nahe stehenden Menschen kann nicht zwischen Tür und Angel oder auf dem Flur zwischen vielen anderen Schülern geführt werden. Ein Angebot sollte dies deshalb auch deutlich signalisieren.

Auch vor der ganzen Klasse oder dem Kurs auf den Verlust angesprochen zu werden, ist für Jugendliche häufig peinlich und viel zu schwer. Grundsätzlich sollte Jugendlichen aber unbedingt die Möglichkeit angeboten werden, über das, was passiert ist, zu sprechen. Trauernde Jugendliche sollten wählen dürfen, ob und wie viel sie erzählen möchten. Indem wir die Bereitschaft signalisieren zuzuhören sowie durch ehrliche Anteilnahme helfen wir Betroffenen, sich in ihrer neuen Situation zurechtzufinden. Normalität vorzuspielen, wo für Trauernde die Welt zusammen gebrochen ist, verletzt nur. Gesprächsangebote sowie Hinweise, dass der Verlust nicht vergessen ist, sollten in unaufdringlicher Form immer wieder gemacht werden.

Gesten im Schulalltag

Gesten können ein wichtiger Beistand für trauernde Jugendliche sein. Es reichen oft kleine Zeichen oder Worte, die trauernden Jugendlichen zeigen, dass sie in ihrer Situation wahrgenommen werden. Hier bieten sich Anmerkungen in Heften, Klassenarbeiten, ein Brief oder Sätze im Alltag wie: » Mein Angebot besteht weiterhin …«, »Ich kann mir denken, dass es schwer für dich ist.« Das können aber auch kurze Worte der Anteilnahme wie: »Es tut mir so leid, dass dein Bruder Lennart gestorben ist.«, »Gerne kann ich dir Mathe erklären, wenn du möchtest. Du hast ja die letzten Stunden verpasst.«, »Wer kümmert sich denn jetzt im Alltag um dich?«, »Jetzt ist bald der erste Jahrestag seit dem Tod deines Vaters. Vielleicht bist du deshalb im Augenblick intensiver als sonst mit deiner Trauer beschäftigt. Wenn ich jetzt etwas für dich tun kann, bin ich gerne für dich da.« Unterstützende Gesten und Sätze sollten im Schulalltag Raum finden, denn so haben Jugendliche das Gefühl nicht übersehen zu werden. Das allein hilft schon. Trauernde Schüler oder Lehrer können am ersten Schultag nach einem Verlust mit einer kleinen Aufmerksamkeit empfangen werden (z. B. eine Karte, ein Buch, eine CD, einem Saft oder eine Blume am Platz des Trauernden).

Durch Gesten kann sensibel und behutsam vermittelt werden, dass Lehrer und Mitschüler um den Verlust wissen, ihn nicht vergessen haben und Anteil daran nehmen.

Veränderte Lebenssituation berücksichtigen

Jugendliche, die ein Elternteil oder ein Geschwister verloren haben, müssen nicht nur mit der Trauer um den gestorbenen Menschen zurechtkommen, sondern auch mit der Veränderung der anderen Familienmitglieder und die durch den Tod hervorgerufenen neue Lebensumstände. In der Schule ist die veränderte Lebenssituation häufig nicht bekannt oder wird nicht berücksichtigt. Berücksichtigen meint nicht – und das möchten trauernde Jugendliche meiner Erfahrung nach auch nicht – eine Sonderstellung und -behandlung. Vielmehr geht es darum, sensibel wahrzunehmen, dass viele *Alltagssituationen* in der Schule von trauernden Jugendlichen als belastend und anstrengend empfunden werden. Das kann beispielsweise das Thema im Ethikunterricht oder der Song in der Musikstunde sein, wo es um Abschied geht. Immer wieder erlebe ich, dass trauernde Jugendliche berichten, dass es ihnen auf Grund ihrer eigenen Trauer nicht möglich war, sich an diesen Themen zu beteiligen oder Anforderungen, die damit in Zusammenhang standen, zu erfüllen. Andererseits konnten sie dies aber auch nicht artikulieren. Oft wurde ihr Verhalten als Desinteresse oder mangelndes Verständnis interpretiert. Hier sollte signalisiert werden, dass die Situation des trauernden Jugendlichen präsent ist, dass das Thema trotzdem behandelt werden muss, sich der betroffene Jugendliche aber bei Bedarf Auszeiten nehmen kann. Wissen und spüren trauernde Jugendliche auch über längere Zeit, dass sie nicht so funktionieren müssen wie sonst, dass sie Unterstützung bekommen und sie sich bei Bedarf zurücknehmen können, aber trotzdem normal behandelt werden, ist dies eine große Entlastung im Trauerprozess.

Praxisbeispiel: Sarah, 16 Jahre, lebt nach dem plötzlichen Tod der Mutter vorübergehend bei ihrem Vater. Die Eltern hatten sich nach Sarahs Geburt getrennt. Vater und Tochter hatten bis zum Tod der Mutter kaum Kontakt, obwohl der Vater mit seiner neuen Familie in der gleichen Stadt lebt. Nun soll Sarah im Kunstunterricht ein Bild vom Lieblingsplatz zu Hause malen und anschließend dazu eine Erklärung verfassen, die vor der Klasse erläutert werden soll. Daraufhin schwänzt Sarah den nächsten Kunstunterricht. Sie hat mit dem Tod der Mutter auch ihr Zuhause verloren und wäre nicht in der Lage, ihre Situation zu erklären. Aus Selbstschutz zieht sie sich zurück und zeigt deshalb in anderen Fächern, aber auch Mitschülern gegenüber, häufig eine ablehnende Haltung. Erst in der Trauerbegleitung kann Sarah dies alles formulieren und wünscht sich auch, dass ich die Schule und mit ihr auch ihre Mitschüler informiere. In dem Gespräch mit den Lehrern der Schule können viele Missverständnisse ausgeräumt werden und Sarah findet auch von schulischer Seite Unterstützung in ihrer schweren Situation. Sie empfindet die Schule nicht mehr als zusätzliche Bedrohung.

Trauernde Jugendliche fragen

Trauernde Jugendliche sollten gefragt werden und in Entscheidungen, die sie betreffen, einbezogen werden. Keinesfalls sollte über die Jugendlichen hinweg bestimmt werden. Wir können fragen, was helfen würde, oder konkrete Unterstützungsangebote machen, über die der Jugendliche selbst entscheiden kann (»Wie kann ich dir helfen?«, »Würde es dir helfen, wenn in der nächsten Zeit jemand deine Mathehausaufgaben nachschauen würde?«, »Soll ich den Unterrichtsstoff der letzten Wochen noch einmal mit dir durchgehen?«).

Negative Reaktionen auf trauernde Mitschüler

Leider habe ich die Erfahrung gemacht, dass trauernde Jugendliche, die einen nahe stehenden Menschen verloren haben, immer wieder mit quälenden Bemerkungen anderer Mitschüler zum Tod und zur neuen Lebenssituation zurechtkommen müssen. Gerade hier könnten trauernde Jugendliche durch präventive Arbeit und Aufklärung ihres schulischen Umfelds sowie durch konkrete Unterstützung in der Schule entlastet werden.

Praxisbeispiel: Die 14-jährige Jasmine hat vor drei Jahren ihren Vater durch eine Krebserkrankung verloren. Sie lebt seitdem mit ihrer Mutter und ihrer zwei Jahre älteren Halbschwester, zu der sie eine enge Bindung hat, zusammen. Als die Mutter plötzlich an einem Herzinfarkt stirbt, kommt Jasmine in ein Jugenddorf. Ihre Halbschwester zieht zu ihrem leiblichen Vater und seiner Familie. Jasmine hat neben ihrer Mutter das gemeinsame Leben mit der Halbschwester und ihre gewohnte Umgebung verloren. Sie muss mit ihrer Trauer, einer neuen Wohngegend, Lebensgemeinschaft und Schule zurechtkommen. Zusätzlich spürt sie die Vorbehalte der neuen Mitschüler gegen sich, die auch verbal in Form von schweren Beschimpfungen und Beleidigungen wie »dreckige Heimwichserin«, »asoziale Waise« oder »elternlose Schlampe« geäußert werden.

Schule als Ort der Unterstützung

Der Tod eines nahe stehenden Menschen wird zunächst häufig als etwas *Unwirkliches* erlebt. Es erscheint Betroffenen so, als wäre die Zeit bei ihnen selbst stehen geblieben, während sie außerhalb ganz normal weitergeht, so als sei nichts geschehen. Diese Diskrepanz ist für Trauernde sehr schwer auszuhalten. Schwierig ist es für trauernde Jugendliche zudem, dass sich für sie persönlich die Welt total geändert hat, dass aber auf der anderen Seite der Unterricht in der Schule und die damit verbundenen Anforderungen weiter bestehen und erfüllt werden sollen. Ob ein trauernder Jugendlicher die Schule als einen Ort erlebt, der in der schweren Situation unterstützend wirkt, oder als einen, der den Alltag zusätzlich erschwert, hängt von den Menschen im Lebensbereich Schule und ihren Reaktionen auf den Trauernden ab.

Praxisbeispiel: Melanie, 13 Jahre: »Mein Bruder ist vor zwei Monaten bei einem von ihm verschuldeten Unfall gestorben. Seine Freundin starb bei diesem Unfall auch. Für mich hat sich mein Leben seitdem völlig verändert. Aber niemand in der Schule spricht mit mir über meine Trauer, meine Gefühle, Ängste und Sorgen. Ich kann mich oft einfach gar nicht mehr konzentrieren und obwohl ich versuche zu lernen, vergesse ich sehr viel. Ich vermisse meinen Bruder so sehr. Einmal habe ich gehört, wie jemand zu einem anderen gesagt hat, dass es meinem Bruder sowieso recht geschehen ist. Da habe ich mich auf der Schultoilette versteckt und geweint.«

Dieses Beispiel zeigt, wie anstrengend der Alltag für trauernde Jugendliche in der Schule sein kann. Das Ignorieren und Schweigen zum Geschehen erschwert die Situation in der sozialen Gemeinschaft Schule.

Der Tod des nahe stehenden Menschen bringt Unsicherheit und den Verlust von Vertrauen in die Welt und in sich selbst mit sich. Gerade deshalb ist die Schule als Lebensbereich, in dem Jugendliche einen großen Teil ihrer Zeit verbringen, ein Ort, an dem sie Unterstützung erfahren müssen.

Trauerfreier Raum

Jugendliche spüren, dass der Tod des nahe stehenden Menschen sie verändert hat. Häufig empfinden sie sich selbst nicht mehr als normal. Auch zu Hause ist vieles nicht mehr wie früher. Das Erleben von Normalität, Stabilität und Struktur in der Schule ist deshalb entlastend in der Trauer. Jugendliche können in der Schule *Auszeiten* der Trauer nehmen und Kraft schöpfen für den Trauerprozess und die Bewältigung der Situation zu Hause. Die in der Schule erhalten gebliebenen Strukturen vermitteln zudem Sicherheit im Alltag, denn: *Nicht alles ist verloren.*

Widersprüchliche Bedürfnisse

Gerade durch die Unsicherheit, die der Tod ausgelöst hat, sehnen sich Jugendliche nach Normalität einerseits und nach Verständnis und Ansprache andererseits. Diese widersprüchlichen Bedürfnisse machen eine Unterstützung von und Begegnung mit trauernden Jugendlichen oft schwer. Deshalb ist es für Mitschüler und Lehrer in dieser Situation häufig schwierig auf den betroffenen Jugendlichen zuzugehen.

Vielfach ist trauernden Jugendlichen in ihrem nach außen angepassten Verhalten nicht anzumerken, wie sie sich tatsächlich fühlen. Das soziale Umfeld deutet dieses *gute Funktionieren* als Zeichen des Nichttrauerns oder als Gefühlslosigkeit.

Jugendliche möchten sich aber auf der einen Seite durch den erlebten Verlust und die veränderten Lebensumstände nicht von ihren Mitschülern abheben oder darauf angesprochen werden. Andererseits fühlen sie sich jedoch in ihrer Situation nicht wahrgenommen, wenn sie nicht darauf angesprochen werden.

Möglichkeiten der Unterstützung

Wissen wir, dass ein Schüler oder Lehrer einen nahe stehenden Menschen verloren hat und dass er bald wieder zum Unterricht kommen wird, kann mit den Mitschülern überlegt werden, wie eine Unterstützung des Betroffenen aussehen könnte. Gerade die erste Begegnung mit dem trauernden Menschen nach dem Tod eines Angehörigen wird oft für beide Seiten als sehr schwer empfunden. Hier können Vorüberlegungen entlasten und die Auseinandersetzung mit folgenden Anregungen eine Annäherung erleichtern.

- In jedem Fall: Kontakt aufnehmen
- Wahrnehmung der Situation
- Vorbereitung auf den ersten Schultag nach dem Tod des nahe stehenden Menschen
- Impulsfragen: Welche guten Wünsche oder Gedanken habe ich für N.N.? Wie ist meine Beziehung zu N.N.? Wovor habe ich Angst in der Begegnung mit N.N.? Was fällt mir schwer? In welcher Situation befindet sich N.N. jetzt? (Todesumstände, Sorgen, Existenzfragen …) Wie wird N.N. sich fühlen? Was würde mir in einer solchen Situation helfen? Was würde ich mir wünschen? Was, denke ich, würde N.N. sich wünschen?
- Zeichen der Anteilnahme und Solidarität: mitzuteilen, dass eine Kerze für den Verstorbenen angezündet wurde, dass der Verstorbene und der betroffene Jugendliche in das eigene Gebet eingeschlossen werden, das Wünschen von Kraft, Zuversicht …
- Kleine Aufmerksamkeiten: ein Brief, ein Buch, Musik …

- keine fertigen Antworten auf das Warum und den Sinn des Geschehens geben
  (weitere Hinweise vgl. drittes Kapitel)

Trauer braucht Zeit

Trauer um einen nahe stehenden Menschen ist ein langer Prozess, der viel Zeit und körperliche wie seelische Kraft benötigt. Wenn das schulische Umfeld um den Tod eines nahe stehenden Menschen weiß, erfahren Schüler gerade am Anfang Verständnis und Unterstützung. Das Interesse und der Beistand des sozialen Umfeldes trauernden Menschen gegenüber lassen aber meist nach einiger Zeit nach. Auch nach einem Jahr ist es für Jugendliche wichtig zu spüren, dass sie nicht allein oder vergessen sind in ihrer Situation und dass weiterhin Möglichkeiten der Unterstützung (vgl. auch nächster Abschnitt) bestehen. Den Betroffenen von Zeit zu Zeit immer wieder zu fragen, wie es ihm ohne den Verstorbenen geht, wie sich sein Alltag geändert hat, zeigt, dass wir auch weiterhin Anteil nehmen.

Praxisbeispiel: Johanna, 17 Jahre, erlebt die Krankheit und das Sterben ihrer krebskranken Mutter. Nach dem Tod kommt sie zunächst in ein Heim. Die Eltern waren geschieden, der Vater hat eine neue Familie und möchte seine Tochter nicht bei sich aufnehmen. Andere Verwandte gibt es nicht. In der Schule hat Johanna ihren Mitschülern erzählt, was geschehen ist. Auch eine Lehrerin ist informiert. Trotzdem fühlt sich Johanna sechs Monate nach dem Tod in der Schule so unverstanden und einsam, dass sie die Schule abbrechen möchte. Sie erzählt, dass, wenn es ihr in der Trauer um ihre Mutter und der jetzigen Lebenssituation nicht gut geht, die Mitschüler fragen, warum es ihr nicht gut ginge, was sie habe. Aber so sagt Johanna: »Das habe ich doch erzählt, sie wissen doch um den Tod meiner Mutter, sie wissen doch, dass mein Vater mich nicht aufnehmen wollte. Sie verstehen nicht, dass nicht ein neues Ereignis mich bedrückt, sondern weiterhin meine Trauer so schwer ist. Jetzt versuche ich meine Verfassung eher zu verbergen, weil ich diese Fragen nicht mehr aushalte. Das kostet viel Kraft und ich fühle mich furchtbar einsam.«

Unterstützungsangebote

Unterstützungsangebote wie Trauerbegleitung, Selbsthilfegruppen, Trauer-Cafés oder Trauergruppen sind vielfach eine wichtige Stütze für Jugendliche auf dem Weg der Trauer. Ich empfehle eine Liste mit qualifizierten, seriösen Angeboten der Region und hilfreichen Internetadressen sowie Buchempfehlungen zu erstellen. Hinweise dazu finden sich im Anhang. Wenn es die Arbeitsbelastung erlaubt, wäre es zudem hilfreich einen Trauerkalender, in dem Todestag, Geburtstag des Gestorbenen, der Unfalltag, aber auch zukünftige Ereignisse, die für den betroffenen Jugendlichen bedeutend sein werden, vermerkt sind. Solche Tage sind für Trauernde schwer zu ertragen und zu gestalten. Diese Tage können gut als Anlass genommen werden noch einmal nachzuhören, wie es dem trauernden Jugendlichen geht. Eventuell kann dann für weitere Unterstützungsmöglichkeiten oder Angebote gesorgt werden. Es ist wichtig Trauernde auch noch nach längerer Zeit als Trauernde wahrzunehmen. Kleine Gesten und Worte oder Angebote für Gespräche zeigen, dass weiter Anteil genommen wird. (Vgl. Witt-Loers, Stephanie: »Zum Tod eines Kindes. Zum Tod eines Jugendlichen durch Suizid – Reflexionen«. in: Kowalski, Beate: Er wischt die Tränen ab von jedem Gesicht. Predigten und pastorale Hilfen für Begräbnisfeiern. Stuttgart 2011)

Keine Reduzierung

Trauernde Jugendliche berichten mir häufig, dass es schlimm ist, immer wieder reduziert zu werden auf *den Angehörigen von* (»Das ist die Schwester von der Jenny, die verunglückt ist.«, »Du bist doch der Sohn von dem Herrn Galinek, der im Schwimmbad ertrunken ist.«). Sie fühlen sich nicht als eigenständige Person wahrgenommen. Im Umgang mit Trauernden sollten wir deshalb darauf achten sie nicht nur als Hinterbliebene wahrzunehmen, sondern als eigenständige Persönlichkeit.

4.3 Tod eines Mitschülers oder Lehrers

Stirbt ein Lehrer oder Mitschüler, bringt dies die gesamte Schule in eine besondere Situation, auch wenn die Menschen der Schulgemeinschaft unterschiedlich stark von diesem Tod betroffen sein werden. Den Schülern sollte zunächst Sicherheit und Stabilität vermittelt werden. Deshalb sollte die Schulzeit möglichst nicht verkürzt werden. Die besonders betroffene Klasse oder der Kurs sollte von einem oder zwei Vertrauenspersonen betreut werden und es sollte – wenn möglich – kein häufiger Lehrerwechsel stattfinden. Stirbt ein Mitschüler oder Lehrer und wird dieser Tod in der Lebensgemeinschaft Schule nicht ausgegrenzt, sondern miteinander durchlebt, kann dies die Gemeinschaft stärken und zusammenwachsen lassen. Andersherum vermittelt ein *Überspielen* der Situation, dass die Schule und mit ihr die Menschen dort in Lebenskrisen keine zuverlässigen Partner sind. Zugleich signalisiert ein solches Verhalten, dass Menschen aus dem Lebensbereich Schule, die sterben, im System Schule nicht gewürdigt werden.

Grenzen

Gerade der Tod eines jungen Menschen konfrontiert uns mit der eigenen Endlichkeit und erschüttert das Grundvertrauen in die Welt. Möglicherweise sind Lehrer selbst sehr stark emotional betroffen und können die Begleitung von Schülern nicht übernehmen. Hier sollten Kollegen oder Hilfen von außen eingesetzt werden. Das ist kein Versagen und sollte nicht als persönliche Schwäche gedeutet werden. Nicht jeder kann und muss in solch einer Situation Beistand und Unterstützung leisten. Jeder befindet sich in einer anderen Lebenssituation. Eigene Grenzen zu akzeptieren ist ein Zeichen von Professionalität.

Dass der eine mehr und ein anderer weniger um den Verstorbenen trauert, lässt sich durch die unterschiedlichen Beziehungen, die jeder zum Verstorbenen hatte und die unterschiedlichen Faktoren, die Trauerprozesse beeinflussen, erklären (vgl. zweites Kapitel).

Kollektive Zeichen der Trauer

Der Tod eines Mitschülers oder Lehrers betrifft trotzdem die Schule als Gemeinschaft und diese sollte entsprechend reagieren. Das bedeutet, dass in der Schule Möglichkeiten, die Trauer auszudrücken, sowie Gesprächsangebote bestehen sollten. Zudem sollten auch nach außen kollektive Zeichen der Trauer gesetzt werden, wie z. B. ein Trauertisch in der Schule, Trauerrituale, Angehörigen Anteilnahme zeigen, Traueranzeige, Teilnahme an der Beerdigung (nach Absprache mit den Angehörigen) oder wenn dies nicht möglich ist, eine eigene kleine Schulgedenkfeier. Hat sich der Tod örtlich in bzw. vor der Schule oder während einer Klassen- bzw. Stufenfahrt oder eines Schulfestes ereignet, ist zu bedenken, dass möglicherweise ganze Gruppen von Schülern und Lehrern traumatisiert sind und professionelle Unterstützung benötigen. Weitere Hinweise zum Umgang mit der Situation finden sich im dritten Kapitel sowie in den folgenden Kapiteln.

4.4 Tod nach längerer Krankheit

Sind Menschen mit dem bevorstehenden Tod durch eine längere Krankheit einer Person aus ihrem nahen Lebensumfeld konfrontiert, stellen sich die in der Trauerforschung formulierten *Traueraufgaben* in einer antizipatorischen (vorweggenommenen) Form. Für den Betroffenen selbst, aber auch für Angehörige und Menschen aus dem sozialen Umfeld, beginnt schon lange Zeit vor dem Tod der anstrengende und schmerzhafte Prozess des Abschiedsnehmens, der aber Gelegenheit bietet, sich auf den bevorstehenden Tod vorzubereiten. Ist ein Schüler oder Lehrer lebensverkürzend erkrankt, sollte der zu erwartende Tod nach Absprache mit dem Erkrankten und den Erziehungsberechtigten in der Klasse/Stufe thematisiert werden. Oft fehlt der betroffene Schüler oder Lehrer immer häufiger. Manchmal sind auch äußerliche körperliche Veränderungen sichtbar, mit denen sensibel umgegangen werden sollte.

Praxisbeispiel: Der 17-jährige Michael ist an Leukämie erkrankt. Durch die Chemotherapie kann er häufig nicht am Unterricht teilnehmen. Er verliert seine Haare und auf seiner Haut sind rötliche, Akne ähnliche Flecken zu sehen. In diesem körperlichen und seelischen Zustand in die Schule zu gehen, fällt ihm schwer. Sich so seinen Mitschülern und Lehrern zu zeigen, kostet ihn Mut und Kraft. Auf der anderen Seite sehnt er sich nach normalem Alltag und nach Kontakt. Seine Mitschüler haben zuvor über die Krankheit und darüber, wie sie damit umgehen können, gesprochen. Sie ignorieren das veränderte Aussehen nicht, sondern kommentieren es mit liebevollen Bemerkungen. Nachdem Michael die Schule gar nicht mehr besuchen kann, besteht weiterhin Kontakt über Mails und Telefonate. So fühlen sich Michael und seine Familie auch in der schweren Situation durch die Schulgemeinschaft getragen.

Sterbende Jugendliche

Sterbende Jugendliche erleben durch die Isolation und Sprachlosigkeit ihres sozialen Umfelds häufig zusätzlich schwere seelische Verletzungen. Der sterbende Mensch sollte deshalb weiterhin am Schulalltag teilhaben können. Briefe, Fotos, Kontakte über Telefon, Facebook, Skype oder SMS bieten, auch wenn der Betroffene selbst nicht mehr kommen kann, gute Möglichkeiten noch lange Kontakt zu halten. So kann eine würdevolle und dem Sterbenden zugewandte Verabschiedung aus dem Lebensfeld Schule gelingen. Zudem ist es für Angehörige erfahrungsgemäß tröstlich mitzuerleben, dass ihr Kind, Geschwister oder bei Lehrern der/die Partner/in von einer Gemeinschaft unterstützt wird. Darüber hinaus machen Mitschüler dann häufig selbst die wichtige Erfahrung, dass auch in schweren Zeiten tragfähige Beziehungen möglich sind.

Schüler dürfen aber nicht zum Kontakt mit einem lebensverkürzend erkrankten Menschen gezwungen werden.

Sterbende Jugendliche haben oft starke Gefühle von Wut. Diese zu akzeptieren und auszuhalten ist nicht immer leicht. Sie fühlen sich durch den bevorstehenden Tod um ihr Leben betrogen, sie werden alles verlieren, empfinden Ungerechtigkeit, (»Warum ich, warum jetzt?«), erleben Vorverluste oft durch körperliche Veränderungen oder den Verlust körperlicher und geistiger Fähigkeiten.

Wissen Jugendliche um den eigenen bevorstehenden Tod, möchten sie vielfach noch letzte Dinge regeln. So möchten sie vielleicht bewusst Abschied nehmen in Form einer Feier, noch einmal einen ihnen bedeutsamen Ort besuchen, bestimmten Menschen etwas sagen, hinterlassen oder ihre eigene Trauerfeier gestalten.

Angehörige, Freunde und das soziale Umfeld sollten diese letzten Wünsche respektieren und unterstützen. Für den Sterbenden und für Angehörige ist es tröstlich zu wissen, dass der Verstorbene nach dem Tod nicht vergessen sein wird und dass es Zeiten und Orte der Erinnerung an ihn in der Schule geben wird.

Im Zusammenhang mit einem absehbaren Tod können Informationen zu Sterben und Tod für Jugendliche hilfreich sein. So beispielsweise das Wissen darum, dass Sterbende nach den medizinischen Grundregeln unserer Gesellschaft keinen Durst, Hunger, Atemnot und Schmerzen leiden müssen und die Begleitung Sterbender bedürfnisorientiert ausgerichtet sein sollte.

Weitere Aspekte, die beachtet werden sollten, finden sich im dritten Kapitel sowie in den folgenden Kapiteln.

4.5 Plötzlicher Tod

Bei einem plötzlichen Tod trifft die Nachricht unvorbereitet auf Lehrer wie Schüler. Gerade noch haben wir mit dem Verstorbenen gesprochen, gemeinsame Pläne für den nächsten Tag gemacht, ihm eine SMS geschickt und wenig später ist ein gemeinsamer Lebensabschnitt abrupt einfach ohne Vorwarnung zu Ende. Dementsprechend schwer ist es, zu verstehen, dass derjenige wirklich nie mehr wiederkommt. Die *Realität des Todes anzuerkennen* braucht Zeit. Möglichkeiten dies zu unterstützen sind ein sinnlich haptisches *Begreifen* sowie bewusst Abschied zu nehmen. Der Trauerprozess nach einem plötzlichen, unerwarteten Tod kann erschwert sein, weil es keine Möglichkeit mehr gab sich zu verabschieden, um Verzeihung zu bitten, noch etwas zu sagen, zu danken, zu fragen oder zu wünschen. So bleibt oft vieles ungesagt oder unerledigt.

Der weitere Trauerprozess hängt wesentlich davon ab, wie wir Jugendlichen nach dem Tod des Mitschülers oder Lehrers begegnen, wie informiert und wie unterstützt wird. Hier können die Hinweise zum Überbringung der Todesnachricht aus Kapitel 5.2 hilfreich sein. Zusätzlich sollte beachtet werden, dass eine mehrmalige sachliche Darstellung des Ereignisses und des weiteren Vorgehens von zentraler Bedeutung sein kann. Wir sollten darauf hinweisen, dass nicht wieder sofort ein solches Ereignis passiert und konkrete Unterstützungsangebote machen. Gerade nach einem plötzlichen Tod sind eine Stabilisierung und die Aktivierung von psychischen, äußeren und sozialen Ressourcen wesentlich.

4.6 Suizid

Der Verlust eines nahe stehenden Menschen ist ohnehin ein einschneidendes Lebensereignis. Bei einem Tod durch Suizid gewinnen – neben den Aspekten, die wir im Kapitel 3.1 kennengelernt haben – weitere Faktoren eine wesentliche Bedeutung. Auch heute noch kann der Tod durch Suizid für Hinterbliebene ein Stigma sein. In der pädagogischen Arbeit kann das notwendige gesellschaftliche Umdenken unterstützt werden, um Trauernden den Trauerprozess nach einem Suizid zu erleichtern und einen Weg ins Leben zu ermöglichen.

Wortwahl und Wertungen

Häufig wird die Todesursache Suizid aus Scham und dem Gefühl der Hilflosigkeit damit umzugehen verschwiegen. Damit wird aber auch einer offenen Auseinandersetzung mit dem Thema ausgewichen. Gerüchte gewinnen zudem an Bedeutung. Vielfach zeigen Jugendliche nach einem Suizid eines Freundes oder Mitschülers Nachahmungsverhalten. Um diese Entwicklungen nicht zu begünstigen, müssen Schüler sachlich informiert werden und Gelegenheit haben, über ihre Gefühle in diesem Zusammenhang zu sprechen. Ein Suizid sollte auch als solcher benannt werden. Wertende Begriffe und Formulierungen wie »Selbstmord«, »Selbstmörder«, »hat sich umgebracht«, sollten vermieden werden. Besser und neutraler sind Ausdrücke wie z. B. »Suizid«, »hat sich das Leben genommen«. Das Verhalten des Verstorbenen oder der Angehörigen sollte keinesfalls bewertet werden. Schuldzuweisungen und Spekulationen sind zudem fehl am Platz. Schüler sollten explizit darauf aufmerksam gemacht werden, eine einfühlsame Sprache zu wählen und Bewertungen oder Vermutungen für sich zu behalten.

Informieren

Einem Schüler, Lehrer oder einer Gruppe von Menschen aus dem Bereich Schule nach einem Suizid eines nahe stehenden Menschen sensibel zu begegnen und sie hilfreich zu unterstützen, bedeutet, sie auch über viele Dinge zu informieren. Informationen können Betroffene nach einem Suizid entlasten und helfen, in einen *nicht erschwerten* Trauerprozess zu finden. Deshalb sollte den Schülern erklärt werden, dass viele unterschiedliche und starke Gefühle, die auftauchen können, normal sind und zur Trauer gehören. Befremdlich erscheinende Gefühle wie Wut und Aggression gehören ebenso dazu. Zudem sollte darüber aufgeklärt werden, dass ein Suizid häufig durch eine psychische Grunderkrankung hervorgerufen wird. Äußere Umstände wie *Liebeskummer, schlechte Noten* oder ein *Streit* können dann den letzten Anstoß zur Ausführung geben. Jugendlichen sollte verdeutlicht werden, dass es immer auch noch andere Lösungen und Wege gibt, um aus scheinbar ausweglosen Situationen zu finden. Hilfreich ist es, wenn Schüler um zusätzliche Qualifikationen ihrer Lehrer zu diesem Themenbereich wissen. In der Schule sollten Angebote bekannt sein, auf die Schüler zurückgreifen können, wenn sie bemerken, dass es einem Freund oder Mitschüler schlecht geht (Hinweise dazu finden sich im Anhang). Gerade im Zusammenhang mit der Todesursache Suizid belasten Fragen nach dem *Warum* und *Wie*, Gedanken von Schuld und Selbstzweifeln die Hinterbliebenen. »Warum habe ich nicht gemerkt, dass es ihm so schlecht ging?«, »Warum hat sie uns/mir das angetan?«, »Hätte ich den Tod nicht doch noch verhindern können?«, »War ich nicht aufmerksam genug?«, »Was hat sie gefühlt, als sie starb?«, »Hatte er Schmerzen?«, »Fühlte sie sich allein?«, »Werden mir andere eine Mitschuld an diesem Tod geben?« Diese Gedanken, Fragen und damit im Zusammenhang stehenden Gefühle sollten thematisiert werden. Schuldzuweisungen und Wertungen sollten vermieden werden.

Möglicherweise löst der Suizid eines Mitschülers bei anderen Jugendlichen den Wunsch der Nachahmung aus, weil der Verstorbene Konventionen gebrochen, den *Ausstieg* gewagt und seine Probleme für sich *mutig* gelöst hat. Auch dieser Aspekt sollte in der nachfolgenden Begleitung beachtet und mit den Schülern besprochen werden. Schüler müssen deshalb aufmerksam wahrgenommen werden. Bei einem Suizid an der Schule empfehle ich professionelle, qualifizierte Unterstützung (Psychologen, Trauerbegleiter).

Vorgehen der Behörden

Im Zusammenhang mit dem Suizid eines Menschen ist es wichtig, zu wissen, dass Angehörige und oft auch Mitschüler oder Lehrer obligatorischen polizeilichen Ermittlungen ausgesetzt sind. Es soll geklärt werden, ob es sich um einen Suizid, einen Unfall oder ein Verbrechen handelt. Deshalb werden Befragungen durchgeführt und *Beweismittel* sichergestellt. Die polizeilichen Untersuchungen rufen vielfach Schamgefühle und Gedanken von Schuld hervor. Entlastend wirkt es deshalb, wenn Schüler und Kollegen darüber sachlich und wertfrei informiert werden, dass dieses Vorgehen der Polizei üblich ist. Angehörige dürfen den Verstorbenen nicht berühren, da die Leiche beschlagnahmt und zunächst untersucht wird. Erst nachdem die Staatsanwaltschaft ermittelt hat und die Leiche zur Bestattung freigegeben wurde, können Trauernde sich von dem Verstorbenen verabschieden. Der Trauerprozess kann durch diese Umstände erschwert werden.

Schuld

Nach einem Suizid verurteilt und beschuldigt das soziale Umfeld schnell Menschen aus dem Lebensbereich des Verstorbenen. Davon betroffen sind die nahen Angehörigen, aber auch Menschen des Systems Schule. Sie erfahren neben der Trauer häufig eine soziale Ausgrenzung. Warum sich ein Mensch sein Leben genommen hat, darüber sollte nicht spekuliert und geurteilt werden. Wir wissen es meist nicht und derjenige, der die Frage beantworten könnte, lebt nicht mehr. Die Todesursache Suizid sollte nicht im Vordergrund stehen. Wesentlich ist: Ein Mensch ist gestorben. Das Bedürfnis nach der Antwort auf das *Warum* darf nicht Ausdruck der Trauer allein werden. Suizid hinterlässt Menschen oft ratlos, schuldbewusst oder auch wütend. Auch negativ besetzte Gefühle müssen ihren Ausdruck und Platz finden. Nur dann ist eine Auseinandersetzung möglich. Jugendliche müssen nach einem Suizid im nahen Umfeld zunächst stabilisiert werden. Meist sind Jugendliche nach der Konfrontation mit der Todesursache Suizid in ihrem Urvertrauen in die Welt erschüttert, verlieren Selbstvertrauen, leiden an Selbstzweifeln, spekulieren über die Todesart, den Todeszeitpunkt und wie der Sterbende sich wohl gefühlt hat. Viele dieser Bilder, die Jugendliche in diesem Zusammenhang entwickeln, sind schrecklich. Bilder an positive Erinnerungen müssen deshalb gefunden und gefördert werden.

5 Handlungsoptionen für die Praxis

Im Folgenden möchte ich einige Orientierungshilfen vorstellen, die es erleichtern können, in akuten Situationen eine größere Schülerzahl betreffend handlungsfähig zu bleiben. Ein allgemeingültiges Schema gibt es jedoch nicht, denn jedes Ereignis erfordert individuelle Handlungen und eine bedürfnisorientierte Ausgestaltung. Aus meiner Erfahrung kann ich sagen, dass ein offener Umgang mit dem Themenbereich eher zu Verständnis und Unterstützung bei Schülern, Lehrern und Eltern führt. Transparenz und Information sind deshalb von zentraler Bedeutung. Gerade Entscheidungen, wie mit einem einschneidenden Ereignis in den ersten Stunden umgegangen wird, beeinflussen den weiteren Trauerprozess positiv oder negativ.

5.1 In akuten Situationen

In akuten Situationen ist es wichtig, möglichst schnell auf verschiedenen Ebenen gleichzeitig strukturiert und einfühlsam zu handeln. Hier sind unterschiedliche Kompetenzen gefragt. Haben präventiv schon Vorüberlegungen stattgefunden, sind schon Aufgaben und Zuständigkeiten verteilt worden, gestaltet sich das Vorgehen in der konkreten Situation leichter. Die im Buch enthaltenen Hinweise zum Überbringen der Todesnachricht, zum Umgang mit trauernden Jugendlichen, für den Elternabend, die Beispiele für Elternbriefe sowie die thematischen Anregungen können in akuten Situationen angepasst und entlastend eingesetzt werden. Hilfreich ist es zudem, wenn schon zuvor tragfähige Beziehungen zwischen Lehrern und Schülern aufgebaut werden konnten.

Informationsverarbeitung und Erfassen der Situation

Bevor auf die Nachricht mit ersten Handlungen reagiert wird, sollte sichergestellt sein, dass das Ereignis oder der Tod auch tatsächlich stattgefunden haben und es sich nicht um eine falsche Information handelt. Vermutungen oder Gerüchte verbreiten sich schnell. Ich wurde schon über den Tod eines Lehrers informiert, der gar nicht gestorben war. Sobald die Nachricht als gesichert gilt, sollten so früh wie möglich alle in der Schule tätigen Menschen (auch Hausmeister, Sekretärinnen, Mensamitarbeiter) sachlich über das Ereignis informiert werden. Zudem sollte die Information für alle Kollegen verschriftlicht werden, um Missverständnisse und Informationslücken zu vermeiden.

Erste körperliche und seelische Versorgung

Zunächst sollte geklärt werden, ob es Verletzte und/oder Menschen gibt, die psychosozial oder medizinisch notversorgt werden müssen. Im Bedarfsfall müssen Krankenwagen, Notfallseelsorger, Kriseninterventionsteams und Trauerbegleiter angefordert werden. Gleichzeitig müssen die Betroffenen durch Lehrer bis zum Eintreffen der ersten Hilfe betreut und versorgt werden. Schüler oder Lehrer, die einen Schock erleiden, müssen sofort behandelt werden. Hier sollte ein Zurückfinden zu einer normalen tiefen Atmung unterstützt und beruhigend mit dem Betroffenen gesprochen werden. Im Schockzustand Befindliche frieren häufig. Hier kann eine Decke helfen. Zudem sollte auf weitere Symptome eines Schocks reagiert und etwas zu trinken, eventuell eine Kleinigkeit zu essen angeboten und Sicherheit vermittelt werden.

Wieder in Bewegung zu kommen, sich aus der Erstarrung des Schocks zu lösen, kann durch tiefes Atmen, bewusstes Spüren des Bodens unter den Füßen und gemeinsames Gehen gefördert werden.

Koordination, Organisation und Aufgabenverteilung

Die Schulleitung sollte möglichst viel Personal für die anstehenden Aufgaben mobilisieren. Rollen müssen differenziert und Aufgaben verteilt werden. Zudem müssen Räume zur Verfügung stehen, um Schülern und Lehrern verschiedene Möglichkeiten der Unterstützung anzubieten. Weiterhin sollte eine Person sich um die Kommunikation mit den Eltern, der Presse und der Polizei kümmern. Ein Vorgehen gegenüber der Presse sollte festgelegt werden, wobei zu beachten ist, dass die Schule nur Informationen, die die Schule betreffen, vermitteln sollte. Geht es um einen Unfall, Amoklauf, Gewaltverbrechen, Naturkatastrophe oder einen Bombenalarm, müssen Fakten dazu von der Polizei und den zuständigen Behörden übermittelt werden.

Zudem sollte versucht werden, festzustellen, welche Klassen/Kurse oder einzelnen Schüler besonders betroffen sind (enge Freunde, Partner, Geschwister, andere Verwandte, Nachbarn …). Ergebnisse dazu sollten schriftlich festgehalten werden und von Zeit zu Zeit überprüft werden. Besonders betroffene Schüler sollten gesondert angesprochen und ihnen sollten gezielte Angebote gemacht werden. Auch die Elternpflegschaft sollte informiert und einbezogen werden. Außerdem sollte festgelegt werden, wer eine Information an die Eltern verfasst. Eltern sollten nicht aus den Medien oder ausschließlich von ihren Kindern erfahren, was passiert ist. Werden Eltern einbezogen und die Vorgehensweisen an der Schule transparent gemacht, ist dies meist förderlich für alle Betroffenen.

Es muss festgelegt werden, wer besonders Betroffene informiert: Klasse/Stufe/Schüler/Lehrer/enge Freunde in der Schule. Wichtig ist auch zu klären, ob Schüler oder Lehrer externe Hilfe (Trauerbegleiter, Seelsorger, Psychologen, Krisenteams) benötigen und wer diese anfordert. Zusätzliche Hilfe kann z. B. dann sinnvoll sein, wenn Menschen starke emotionale Reaktionen zeigen oder unverarbeitete Vorverluste mitbringen. Geregelt werden sollte außerdem, wer Kontakt zu den Angehörigen aufnimmt und sich in Absprache mit den Angehörigen um die eventuelle Organisation des Abschieds kümmert. Bedacht werden sollte auch, wer eine Traueranzeige gestalten (vielleicht mit den Schülern gemeinsam) und aufgeben kann und wer eine Trauerkarte (von offizieller Seite der Schule – Schüler/Klassen/Kurse können zudem gesonderte Karten schreiben) an die Angehörigen schreibt. Weitere Personen sollten für Aufgaben, die die Information und Betreuung der Schüler betreffen, bereit stehen. Ebenfalls müssen Angebote für die nächsten Tage (kreative Verarbeitung, Orte der Stille, Gesprächsangebote, Mitgestaltung der Trauerfeier …) durchdacht und geplant werden. Personelle Entscheidungen für Zuständigkeiten sollten immer unter dem Aspekt, wer aus der emotionalen Verfassung heraus eine Ausführung übernehmen könnte, getroffen werden.

Informieren der Schüler

Jugendliche müssen informiert werden. Werden Informationen über den Tod eines Mitschülers oder Lehrers bewusst zurückgehalten, vermittelt dies den Eindruck, dass wir Jugendlichen den Umgang mit der belastenden Situation nicht zutrauen. Misstrauen oder die Auffassung, dass es besser ist, schweren Situationen aus dem Weg zu gehen, werden gefördert. Ein Aushang am Schwarzen Brett oder eine Lautsprecherdurchsage sind auf keinen Fall geeignet, um die Todesnachricht zu übermitteln. Eine Gedenkminute kann nach Absprache mit den Lehren in den Klassen/Stufen durch eine Durchsage angekündigt und beendet werden. Das Schwarze Brett kann genutzt werden, um im weiteren Verlauf Informationen zur Trauerfeier, zur Ankündigung von Terminen oder Hinweise zu weiterführenden Unterstützungsangeboten bekannt zu geben. Immer sollte dies aber auch persönlich durch Lehrer in den Klassen/Kursen erfolgen. Mit weiteren Hinweisen für das Überbringen der Todesnachricht befasst sich das nachfolgende Kapitel.

Kontakt zu betroffenen Angehörigen

Die Schulgemeinschaft (Klassen- oder Stufenlehrer, Schulleitung und Klassenpflegschaft) sollte – auch wenn das keine leichte Aufgabe ist – persönlichen Kontakt mit den Angehörigen aufnehmen. Leider wird dies häufig aus Unsicherheit oder persönlicher Betroffenheit versäumt. Dabei bestätigen mir Betroffene immer wieder, wie tröstlich es für sie war, in der Schwere der Situation Ansprache und Anteilnahme zu erfahren. Im Kontakt mit Angehörigen auch eigene Trauer und Hilflosigkeit zu zeigen erleichtert meist die erste Begegnung. Bedürfnisse und Wünsche der Angehörigen können im Gespräch erfragt werden (Ist eine Teilnahme der Schüler, Lehrer und Eltern an der Trauerfeier erwünscht? Soll die Feier aktiv mitgestaltet werden? Wenn ja, gibt es besondere Wünsche und Anliegen?). Wichtige Informationen, die für Mitschüler, Lehrer und Eltern möglicherweise von Bedeutung sind, können ausgetauscht und mit dem Einverständnis der Angehörigen übermittelt werden (Todesursache, Unfallhergang, Krankheitsverlauf, äußere Umstände, letzte Worte, Handlungen und Wünsche des Verstorbenen …). Zudem kann in Zusammenarbeit mit Eltern und Schülern praktische Unterstützung angeboten werden (Hausaufgabenhilfe, Fahrdienste, Einkäufe erledigen, kochen, Betreuung von jüngeren Kindern …). Die Wünsche und Anliegen der Angehörigen können erfragt, dürfen aber keinesfalls bewertet oder gar *korrigiert* werden. Sie müssen respektiert werden. Hier sollte auch die Religionszugehörigkeit oder Religionslosigkeit Beachtung finden. Der Tod eines nahe stehenden Menschen ist für Hinterbliebene ein lebenserschütterndes Ereignis. Der unumgängliche Abschied sollte deshalb so gut wie möglich gestaltet werden.

Hinterbliebene sind meist froh noch etwas über den Verstorbenen zu erfahren, Fotos zu sehen, die sie vielleicht noch nicht kennen, zu hören, wie andere den Verstorbenen erlebt haben oder wie der Verstorbene die letzten Stunden verbracht hat. Oft empfinden Angehörige es als tröstlich, die Anteilnahme bei der ersten Zusammenkunft auch haptisch zu erfahren, das kann ein Brief der Mitschüler, eine Kerze, etwas zu essen, ein Vitaminsaft, Musik, ein Buch zum Themenkomplex, schöne Taschentücher, Blumen oder eine behutsame körperliche

Geste sein. Angehörige sollten zum Verbleib von Gegenständen des Verstorbenen gefragt werden, auch wenn der Tod schon einige Zeit zurückliegt. Nichts sollte weggeworfen oder vorenthalten werden, auch wenn es vielleicht schwer fällt, deshalb Kontakt zu den Angehörigen aufzunehmen. Angehörige sollten selbst darüber entscheiden können.

Darüber hinaus

Die Erfahrungen aus einer mit Tod und Trauer erlebten Situation in der Schule sollten gemeinsam reflektiert werden. Gewonnene Erkenntnisse, positive wie negative, sollten schriftlich festgehalten werden, damit sie für zukünftige Ereignisse genutzt werden können.

Es wird Zeit brauchen, bis wieder Normalität in den Schulalltag einkehren wird. Das Erlebte wird die Menschen im Lebensbereich Schule verändern. Es sollte bewusst darauf geachtet werden, wie die Jugendlichen mit dem Verlust umgehen, welche Veränderungen nach dem Geschehen wahrgenommen werden und ob möglicherweise bestimmte Schüler weitergehende Unterstützungsangebote benötigen. Zudem ist zu beachten, dass Jahrestage oder andere besondere Tage das Erlebte noch einmal besonders intensiv aufleben lassen.

5.2 Überbringen der Todesnachricht

Jugendlichen die Nachricht vom Tod eines Menschen aus ihrem nahen Umfeld zu überbringen ist schwer. Andererseits liegen die Möglichkeiten, mit denen trauernde Schüler unterstützt werden können, recht nahe. Das hier vorgestellte theoretische Hintergrundwissen soll Verständnis und Sicherheit in der persönlichen Begegnung mit Trauernden geben, denn oft fehlt nur der Mut, den eigenen Intuitionen nachzugehen.

Zeitnahe Information

Lehrer wie Schüler sollten so schnell wie möglich über den Tod informiert werden, denn Nachrichten verbreiten sich per SMS oder Facebook in Windeseile. Aber auch auf dem Schulweg, dem Schulhof oder im Bus werden solche Mitteilungen schnell weitergegeben. Vielfach sind sie dann verbunden mit falschen Informationen und Gerüchten. Deshalb ist es besser in einer gemeinsamen Situation bestätigte sachliche Informationen zu übermitteln.

Vorbereitung auf die Nachricht

Zunächst sollten die Schüler durch die erste Ansprache darauf aufmerksam gemacht werden, dass eine wesentliche Information folgen wird. »Seid bitte leise. Wir beginnen jetzt nicht mit dem Unterricht. Ich muss euch dringend etwas Wichtiges sagen.«

Das Geschehen trifft unvorbereitet auf die Schüler. Deshalb sollten die Fakten des Ereignisses langsam genannt und zudem wiederholt werden. Durch den ersten Schock, hören wir oft nur die Hälfte der Informationen. Es sollte möglichst eine ruhige Atmosphäre geschaffen werden, die vermittelt, dass Zeit und Raum ist für Fragen, Gefühle, Gedanken. Fragen, die offen sind und nicht oder noch nicht beantwortet werden können, sollten klar formuliert werden (vgl. drittes Kapitel).

Sachliche Erklärung

Das Ereignis sollte sachlich und ohne Wertungen erklärt werden. Nähere Umstände und die Todesursache – soweit bekannt – sollten genannt werden. Zudem sollten der weitere Ablauf sowie die zur Verfügung stehenden Unterstützungsmöglichkeiten aufgezeigt werden. Auch bei Suizid oder Gewaltverbrechen muss die Todesursache benannt werden. Dabei müssen die Todesumstände nicht im Detail beschrieben werden. Schüler, die mehr wissen möchten, werden nachfragen. Bilder und Deutungen sollten vermieden werden (Beispiele: »Er muss schlimm ausgesehen haben …«, »Sicher hat er furchtbar gelitten …«, »Es war bestimmt besser so für sie …«, » Es musste ja so kommen, sie war ja schon immer …«,). Solche unsachlichen Darstellungen unterstützen den Trauerprozess nicht, sondern beängstigen unnötig.

Klare Worte

Die Todesnachricht sollte in klaren Worten und unmissverständlich ausgedrückt werden, auch wenn es schwer fällt zu sagen, dass jemand gestorben ist. Der Verlust kann eher als Realität verstanden werden, wenn dies auch sprachlich deutlich gemacht wird.

Die Nachricht sollte der Klasse oder dem Kurs möglichst von zwei Personen übermittelt werden. So liegt die Belastung nicht auf einer Person und Reaktionen einzelner Schüler können besser aufgefangen werden. Wünschenswert wäre es zudem, wenn eine der Personen, die die Nachricht übermitteln, den Schülern vertraut wäre. Die Reaktionen der Schüler auf die Nachricht können sehr unterschiedlich sein. Wie bereits im zweiten Kapitel erläutert, kann dies an der unterschiedlichen Bindung zum Verstorbenen liegen, aber auch am individuellen Umgang und den persönlichen Erfahrungen mit Tod und Trauer. Möglicherweise sind Jugendliche bereits vorbelastet.

Externe Unterstützung

Externe Unterstützung sollte bei Bedarf hinzugezogen werden (je nach Situation: Trauerbegleiter, Psychologe, Polizei, Seelsorger, Kriseninterventionsteam). Bei Todesursachen wie Suizid oder Gewalt sollte grundsätzlich Hilfe von außen angefordert werden.

Gefühle aushalten

Wesentlich ist, die Reaktionen der Schüler auf die Nachricht nicht zu bewerten, sondern sie zu akzeptieren, zu begleiten und auszuhalten. Dabei darf auch eigene Betroffenheit und Hilflosigkeit gezeigt werden. Sie sind kein Zeichen von Schwäche oder Inkompetenz. Eher offenbaren sich so persönliche und menschliche Aspekte, die in der Trauer miteinander verbinden und Vertrauen schaffen. Mitgefühl, Anteilnahme und Betroffenheit zu zeigen, kann Jugendliche zudem veranlassen, eigene Gefühle und Gedanken der Trauer zu äußern und sich nicht dafür zu schämen.

Die Erstreaktionen auf die Todesnachricht können sehr stark und schwer zu ertragen sein. Dass diese Gefühle Raum bekommen, ist jedoch wesentlich für den weiteren Trauerprozess (vgl. Kapitel 2.4).

Stabilisieren

Die Reaktionen der Jugendlichen auf die Todesnachricht werden unterschiedlich sein. Somit werden auch die Bedürfnisse verschieden sein. Ich habe erlebt, dass ein Teil der Klasse/des Kurses über das Geschehen sprechen wollte. Andere wiederum hatten das Bedürfnis nach Ruhe, sich zu bewegen oder anders aktiv zu werden. Schüler sollten gefragt werden, was sie brauchen. Körperlicher Kontakt kann in einer Situation, die von Unsicherheit geprägt ist, Halt geben. Das können das Halten der Schultern, Berührungen an Schulter, Kopf oder Hand oder unter Umständen auch eine Umarmung sein (vgl. drittes Kapitel).

Zeit und Raum

Ich habe in meinen Begegnungen mit Jugendlichen, die in der Schule mit dem Tod konfrontiert wurden, immer wieder festgestellt, dass es wichtig ist, nach der Überbringung der Nachricht genügend Zeit und Raum für Reaktionen und Gespräche zu geben. Dazu kann auch Schweigen oder der Ausdruck von Wut und Aggression gehören. Diese

Reaktionen sollten im Verlauf des weiteren Gespräches aufgegriffen werden (vgl. Kapitel 1.4). Sie mit den Jugendlichen auszuhalten, ist ein wichtiger Beistand für trauernde Jugendliche. Es kann für Lehrer eine enorme Belastung bedeuten auch die Hilflosigkeit, den Schmerz und die Ohnmacht der Schüler zu ertragen.

Persönliche Belastungsgrenzen respektieren

Sind persönliche Gefühle so stark, dass sie nicht mehr zu kontrollieren sind und handlungsunfähig machen, sollte ein Kollege das Gespräch in der Klasse/dem Kurs übernehmen. Dies sollte aber nicht als persönliches Versagen gedeutet werden. Individuelle Grenzen zu erkennen und danach zu handeln, ist ein Ausdruck von Verantwortung anderen und sich selbst gegenüber. Zudem können die Schüler sich allein durch die Anwesenheit oder das Zuhören des Lehrers begleitet fühlen.

Vereinbarungen im gemeinsamen Umgang

Nach meiner Erfahrung wird es von Schülern meist als entlastend empfunden, wenn frühzeitig einige Vereinbarungen im Umgang miteinander formuliert werden. Die Sicherheit die diese Vereinbarungen geben, erleichtern es meist über das schwere Thema zu sprechen und Gefühle zu zeigen. Folgende explizite Hinweise haben sich in der Praxis als hilfreich erwiesen:

1. Bei der Beschäftigung mit dem Thema handelt es sich nicht um ein Unterrichtsthema, das benotet wird.
2. Niemand muss etwas sagen, wenn er das nicht möchte.
3. Geäußerte Gedanken und Gefühle bleiben im Raum (in Facebook dürfen persönliche Gedanken zum Thema veröffentlicht werden, nicht aber die anderer Mitschüler).
4. Fragen werden offen und ehrlich beantwortet – auf einige Fragen wird es keine Antwort geben.
5. Wir gehen respektvoll miteinander um. Niemand wird ausgelacht, beleidigt oder in seinen Gefühlen verletzt.

Gut für sich selbst sorgen

Um sich selbst in dieser belastende Situation nicht zu gefährden, ist es wichtig, auch gut für sich selbst zu sorgen (vgl. Kapitel 3.1). Wichtig ist deshalb, auch grundlegende Dinge wie Trinken und Essen nicht zu vergessen. Für Bewegung zu sorgen entlastet in der schweren Situation. Ein Stressball oder einfaches Gehen können auch für die Gemeinschaft hilfreich sein.

Keine Spekulationen

Lehrer sollten sich nicht auf Spekulationen, die möglicherweise um den Tod oder um Todesumstände auftauchen, einlassen. Dies gilt ebenso für Schuldzuweisungen (»Der Autofahrer war sicher Schuld.«, »Der hatte ja auch Stress mit seinen Eltern, deshalb hat er sich aufgehängt.« etc.). Lehrer sollten zudem eine klare Haltung einnehmen und nur gesicherte Informationen weitergeben. Wenn Fragen offen sind, sollte dies deutlich formuliert werden. »Zum jetzigen Zeitpunkt können wir noch nichts Genaues sagen. Wir möchten nicht über ungeklärte Umstände spekulieren. Sobald wir sicher wissen, was passiert ist, werden wir euch informieren.«

Übliche Sitzordnung aufheben

Ein Gespräch kann zudem oft besser geführt werden, wenn die übliche Sitzordnung durchbrochen wird und die Schüler in einem Stuhlkreis, auf Kissen oder Matten auf dem Boden oder – je nach Jahreszeit – draußen sitzen können. Hier ist es empfehlenswert, die Schüler zu fragen, was sie möchten. Eine gestaltete Mitte (Hinweise im Kapitel 5.5) kann die besondere Situation aufgreifen. Hier können auf einem Tuch eine Kerze, ein Foto des/der Verstorbenen und Symbolgegenstände arrangiert werden. Auch Symbole für Hoffnung und schöne Seiten des Lebens sowie besondere Taschentücher sollten hier einen Platz finden. Jugendliche haben eigene Ideen und Anregungen, die sie gerne umsetzen möchten. Dazu sollten sie gefragt und darin unterstützt werden.

Aktiv kann diese Erstsituation z. B. begleitet werden durch:

- Anzünden einer Kerze für den Verstorbenen,
- ruhige Musik,
- Raum für erste Gefühlsäußerungen: schweigen, schreien, weinen, sprechen, malen, schreiben, bewegen, …
- Textimpuls (vgl. Kapitel 5.8) oder eigene Worte,
- Bildbetrachtung (vgl. Kapitel 5.8),
- Entspannungsübung.

Impulsfragen für ein Gespräch mit den Schülern können sein:

- Wann habe ich den Verstorbenen zuletzt gesehen, mit ihm gesprochen, gemeinsame Zeit mit ihm verbracht?
- Was habe ich an N.N. geschätzt? Was eher nicht?
- Was bedeutet der Tod von N.N. für mich persönlich?
- Welche Gedanken und Gefühle löst der Tod von N.N. bei mir aus?
- Was hätte ich gerne noch mit N.N. erlebt?

- Was hätte ich N.N. gerne noch gesagt? (Dank, Wunsch, mich entschuldigen, ihm verzeihen …)
- Was glaube ich, wo N.N. jetzt ist?
- Wer ist in unserer Klasse/Kurs besonders betroffen? (Intensive Beziehung)
- Was wünsche ich mir persönlich in der momentanen Situation? Was tut mir jetzt gut?
- Wie geht meine Familie/Bezugspersonen mit den Themen Tod und Trauer um?
- Was tut meinen Mitschülern und Lehrern gut?
- Wie können wir in dieser Situation miteinander umgehen?
- Was kann die Gemeinschaft tun?
- Was kann ich als Einzelner tun?
- Wie möchten wir unsere Trauer ausdrücken?
- Was wird dieser Tod in meinem Leben ändern?
- Wie wird dieser Tod unsere Gemeinschaft verändern?
- Wer oder was kann mich trösten?
- Wer oder was gibt mir Halt?
- Wo und wie kann ich Trost spenden?
- Was kann mir helfen mit dem Tod von N.N. umzugehen?
- Wie belastbar fühle ich mich im Augenblick?
- Wo kann ich Kraft finden?
- Finde ich Kraft in Religion, Spiritualität, Hobby, Natur, Bewegung, kreativen Beschäftigungen, mit Freunden …?
- Was gibt mir Sinn und Hoffnung?
- Wo bin ich tolerant meinen Mitschülern und Lehrern gegenüber?
- Wo sind meine Grenzen von Verständnis und Respekt meinen Mitschülern und Lehrern gegenüber?

Impulsfragen zum weiteren Vorgehen

- Welche Fragen habe ich, haben wir als Gemeinschaft? (z. B. zur Beerdigung, Teilnahme und Beteiligung an der Trauerfeier, Trauerritualen, Zeichen der Gemeinschaft an die Angehörigen, Umgang mit Gegenständen des/der Verstorbenen, Umgang mit den Angehörigen, Freunden …)
- Woran erinnere ich mich, wenn ich an N.N. denke?
- Welchen Platz hatte N.N. in meinem Leben?
- Wo und wie wird mir N.N. fehlen?
- Gibt es Konfliktsituationen, die mich jetzt belasten?
- Wo kann N.N. weiter Teil meines Lebens bleiben? (Erinnerungen,

Gedanken, Friedhof, Unfallort, Fotos, Jenseitsvorstellungen, Taten, Werke …)
- Wie möchten wir den nächsten Tag gestalten?

Pausen

Erfahrungsgemäß ist diese erste Beschäftigung mit dem Tod des oder der Menschen aus der Schulgemeinschaft für alle Beteiligten sehr anstrengend. Deshalb ist es sinnvoll gemeinsam mit den Schülern der Klasse/dem Kurs eine Pause zu machen.

Umsetzung der Gesprächsimpulse

Gedanken und Ideen aus dem Gespräch können konkret umsetzt werden. Die aktive Gestaltung kann auf vielfältige Weise geschehen – z. B. kreativ oder körperlich – und wird bei den einzelnen Schülern individuell und in der Beteiligung unterschiedlich sein. Es sollte versucht werden, möglichst flexibel auf die individuellen Bedürfnisse der Schüler einzugehen. Das kann bedeuten, Schüler auch einzeln zu betreuen, Kleingruppenarbeit anzubieten oder sich in der Großgruppe mit dem Thema zu befassen. Nach meiner Erfahrung wird meist flexibel zwischen den verschiedenen Formen gewechselt. Manches wird in Einzelgesprächen, Kleingruppenarbeit, anderes wieder im Plenum bearbeitet.

Weitere Überlegungen mit den Schülern können sein
- Gestaltung einer Todesanzeige,
- Brief oder Zeichen der Anteilnahme an Angehörige,
- Mitgestaltung der Trauerfeier,
- Überlegungen zu kreativem Ausdruck/Trauerritualen (vgl. Kapitel 5.6),
- Überprüfung von sachlichen Informationen und Gerüchten.

Hinweise und Raum für die nächsten Tage

Zum Ende der Schulzeit sollte darauf aufmerksam gemacht werden, welche Angebote die Schule in diesem Zusammenhang machen wird, welche Möglichkeiten den Schülern in der nächsten Zeit zur Verfügung stehen werden. Auch hier sollte deutlich gemacht werden, dass die Schule offen ist für Hinweise und Bedürfnisse der Schüler.

Mögliche Angebote morgens und für den Nachmittag können z. B. sein:
- Trauertisch an einem für alle gut zugänglichen Ort der Schule,
- Raum der Stille,

- Trauercafé: Treffpunkt um in der Trauer Gemeinschaft zu erfahren, sich auszutauschen, Trost zu finden,
- Sprechzeiten mit einem Trauerbegleiter, Seelsorger oder Psychologen,
- Angebot zu gemeinsamen Spaziergängen,
- Kreativraum: Angebot zu malen oder anders gestalterisch aktiv zu sein (hierzu weitere Hinweise im Kapitel 5.6),
- telefonische Betreuung,
- Chatroom (Hinweise seriöser Anbieter in Kapitel 5.8),
- Hinweise auf externe Unterstützungsangebote (am besten Listen für jeden Schüler, auf die auch nach einiger Zeit diskret zurückgegriffen werden kann).

Räume

Orte und Räume, die den Schülern für Stille oder Gespräche zur Verfügung gestellt werden, sollten nicht zu groß sein und eine ruhige und wohltuende Atmosphäre vermitteln. Mit kleinen Veränderungen und Accessoires können Räume ansprechend gestaltet werden.

Information

Zudem ist es hilfreich, wenn Jugendliche über Trauerprozesse und Trauerreaktionen aufgeklärt werden. Das Wissen darum kann entlastend wirken (Hinweise dazu im zweiten und dritten Kapitel). Hervorgehoben werden sollte hier, dass es kein falsches oder richtiges Trauern gibt, dass auch Wut, Aggression, Weinen, Lachen oder Distanziertheit Trauerreaktionen sein können.

Aktivierung von Ressourcen

Schüler sollten auf Ressourcen aufmerksam gemacht werden und die Möglichkeit bekommen, persönliche Bewältigungsstrategien zu entwickeln (vgl. drittes Kapitel).

Austausch und Reflexion des Kollegiums/Behörden

In einer Krisensituation zu handeln, erfordert seelische und körperliche Kraft. Zudem entwickeln sich auf verschiedenen Ebenen neue Geschehnisse, die in aktuelle Entscheidungen und Handlungen einbezogen werden müssen. Verantwortliche sollten sich deshalb immer wieder austauschen, um auf neue Aspekte eingehen zu können. Gleichzeitig muss das eigene Handeln reflektiert und gegebenenfalls verändert werden. Zudem ist es wesentlich, sich zwischendurch körperliche und seelische Pausen zu gönnen, um einsatzbereit zu bleiben und die eigene Gesundheit nicht zu gefährden. Gerade deshalb ist es hilfreich, im Vorhinein ein Krisenteam aufzubauen, damit die anfallenden Aufgaben auf verschiedene qualifizierte Personen verteilt werden können. Weiterhin sollte im Fall von Beteiligung der Polizei oder anderen Behörden auch hier für einen kontinuierlichen Austausch aktueller Informationen gesorgt werden.

Darüber hinaus

Langfristig sollten die Traueraufgaben gefördert werden. Hierbei werden Rituale und Trauerorte eine wesentliche Rolle einnehmen (Hinweise dazu auch in den Kapiteln 2, 3 und 5.7).

5.3 Beispielbriefe nach einem Todesfall

Nach dem Tod eines Schülers oder Lehrers einen Brief an Kollegen, Eltern, Schüler und Angehörige zu schreiben wird von den meisten Betroffenen als unendlich schwer empfunden. Weil die Worte fehlen, Unsicherheit und persönliche Betroffenheit blockieren, bleiben dann solche wichtigen Briefe häufig ungeschrieben. Im Folgenden finden sich deshalb einige Hinweise, die beim Verfassen eines Briefs hilfreich sein können, sowie Beispielbriefe. Grundsätzlich sollten alle Briefe möglichst bald nach dem Tod geschrieben und übermittelt werden. Weitere Informationen zu Beileidsschreiben sowie Beispielbriefe finden sich: St. Witt-Loers: Trauernde begleiten. Göttingen 2010.

Brief an die Schüler nach dem Tod eines Mitschülers

Sachliche Darstellung des Geschehens, Anteilnahme, Information über weiteres Vorgehen, Trauerreaktionen, Trauerfeier, positive Erinnerungen an den Verstorbenen, Hinweise zu externen Unterstützungsangeboten.

Liebe Schülerinnen und Schüler,

der Tod von Luisa hat viele von uns tief erschüttert. Sie ist, wie ihr durch eure Klassen- und LK-Lehrer erfahren habt, bei einem Skiunfall auf der Stufenfahrt in Tirol gestorben.

Wir können nicht fassen, dass sie nicht mehr da ist. Unsere Gefühle reichen von Hilflosigkeit, Verzweiflung und Unsicherheit bis hin zu Dankbarkeit, dass wir Luisa kennenlernen durften. Unser tiefes Mitgefühl ist bei Luisas Eltern, ihrer Schwester Lena und ihren Verwandten und Freunden.

Wir möchten euch und uns in der Schule Raum und Zeit geben um dem Tod von Luisa und den damit verbundenen Gefühlen und Gedanken Ausdruck zu verleihen. Es wird Möglichkeiten für vertrauliche Gespräche und Fragen mit euch bekannten Lehrern oder/und mit der Trauerbegleiterin Frau Meurer geben. Zudem werden kreative Gestaltungsmöglichkeiten angeboten. Näheres erfahrt ihr bei den jeweiligen Klassen- und Kurslehrern sowie am Schwarzen Brett.

Vielleicht erlebt ihr jetzt verwirrende Gefühle und Gedanken, die ihr bisher nicht von euch gekannt habt. Deshalb möchten wir euch in diesem Brief und auch gerne bei Bedarf persönlich einige wichtige Informationen zum Thema Trauer geben.

Jeder Mensch trauert anders und findet für sich individuelle Wege, um seine Trauer zu durchleben. Trauer ist etwas Normales und sie ist notwendig, um mit dem Verlust leben zu lernen. Viele widersprüchliche Gefühle, wie Angst, Wut, Verzweiflung, Freude, Liebe – aber auch körperliche Reaktionen wie Schlaflosigkeit, intensive Träume, Appetitmangel und viele andere normale Reaktionen der Trauer können auftauchen. Vielleicht beschäftigen oder beängstigen euch auch Fragen zum Sinn des Lebens und zum Warum des Todes oder zum eigenen Tod.

Hilfreich ist es, sich mit diesen Fragen, Gefühlen und Gedanken auseinanderzusetzen, sie nicht zu verdrängen.

Hier einige Hinweise, die jetzt wichtig sein können. Sorgt gut für euch selbst. Sprecht mit vertrauten Menschen, versucht zu essen, zu schlafen und auch schöne Dinge zu tun, die Freude machen. Es kann gut tun, zu malen, zu schreiben, in die Natur zu gehen, Musik zu hören oder zu machen, zu schreien, zu weinen, sich mit Freunden zu treffen, etwas für Luisa zu gestalten, sich an schöne Zeiten mit ihr zu erinnern, eine Kerze für sie anzuzünden …

Die Eltern von Luisa haben uns in einem persönlichen Gespräch erzählt, dass sie sich freuen würden, wenn wir als Schule die Trauerfeier mitgestalten würden. Wer sich gerne an der Vorbereitung beteiligen möchte, ist morgen um 8.00 Uhr im Raum 213 bei Herrn Balusek und Frau Meurer, der Trauerbegleiterin, willkommen.

Trauer ist ein langer Prozess, der Zeit und Raum benötigt. Gerne stehen wir euch jetzt, aber auch später zur Seite. Listen mit Hinweisen zu Unterstützungsangeboten (persönliche Einzeltrauerbegleitung, telefonische Beratungszeiten, Trauergruppen, Literatur, Internet) liegen neben dem Trauertisch für Luisa zum Mitnehmen aus.

Wir möchten euch so gut, wie es uns möglich ist, unterstützen und die Trauer um Luisa als Schulgemeinschaft tragen. Ihr dürft deshalb davon ausgehen, dass ihr uns jederzeit ansprechen könnt und wir eure Fragen ehrlich beantworten werden. Gerne möchten wir auch eure Anregungen einbeziehen.

In Verbundenheit
Die Stufenleiter Reiner Henrich und Sebastian Neu
sowie die Schulleitung Sabine Friedrich

Orientierungsbrief an die Schüler bei vermutetem Suizid

Liebe Schüler,

heute Morgen hörten wir die traurige Nachricht, dass Michael Daume gestorben ist. Dies ist bisher die einzige offizielle Information, die wir bezüglich seines Todes bekommen haben. Zur Todesursache können wir noch nichts sagen. Deshalb möchten wir euch bitten, keine Spekulationen oder Gerüchte zu unterstützen, die die Situation im Augenblick nur erschweren würden. Sobald wir gesicherte Kenntnisse zum Geschehen, zur Todesursache und zur Trauerfeier haben und befugt sind diese weiterzuleiten, werden wir euch darüber informieren.

Wir alle sind sehr traurig über Michaels Tod und können das Geschehene noch gar nicht fassen und verstehen.

Für euch stehen heute den ganzen Tag Ansprechpartner zur Verfügung. Das ist zum einen unser Vertrauenslehrer, Herr Brass, und zum anderen die Trauerbegleiterin, Frau Selmann. Beide unterliegen der Schweigepflicht. Das was Ihr dort sagen oder fragen möchtet wird also vertraulich behandelt.

Außerdem möchten wir Gelegenheit geben, die unterschiedlichen Gefühle und Gedanken, die in Verbindung mit dem Tod von Michael auftauchen, auf verschiedenste Weise auszudrücken. Über die Angebote werdet ihr von euren Lehrern informiert. Es wird außerdem einen Raum der Stille (Raum 233) sowie einen Gesprächsraum (Raum 94) geben. Gerne nehmen wir auch eure Wünsche und Anregungen in diesem Zusammenhang auf.

Im der Schulstraße wird ein Trauertisch für Michael aufgestellt. Dort kann jeder Zeichen seiner Anteilnahme, Betroffenheit, der Trauer und des Schmerzes niederschreiben oder in Form von Symbolen niederlegen.

Wir möchten gemeinsam mit euch überlegen, wie wir von Michael Abschied nehmen können. Wer sich an der Gestaltung einer schulinter-

nen Abschiedsfeier beteiligen möchte, ist zu einem ersten Treffen nach der fünften Stunde in Raum 156 eingeladen.

Herzliche Grüße
Silvia Gehrnau
Schulleiterin

Brief an die Schüler nach dem Suizid eines Mitschülers[3]

Liebe Schüler,

wir wissen jetzt, dass der Tod von Michael ein Suizid war. Auch wenn wir gerne verstehen möchten, warum Michael sich das Leben genommen hat, so werden wir nie wirklich erfahren können, was in seinem Leben vor sich ging und welche Umstände und Ursachen zu seinem Tod führten. Sicher werden in diesem Zusammenhang viele Fragen offen bleiben und wir müssen lernen, damit zu leben. Suizid hinterlässt bei den Menschen die zurückbleiben häufig eine tiefe Verunsicherung, Gedanken von Schuld und/oder Wut. Es kann sehr schwer sein mit dem Tod von Michael zurechtzukommen. Empfehlen möchten wir deshalb das Einzel- oder Gruppengespräch mit der Trauerbegleiterin, Frau Selmann. Sie wird euch zudem in den Kursen und Klassen wichtige Informationen zu den Themen Trauer, Tod und Suizid geben. Die kreativen Angebote, der Raum der Stille und der Gesprächsraum stehen euch weiterhin zur Verfügung. Gleichzeitig möchten wir den normalen Unterricht wieder aufnehmen.

Wir haben nun auch Informationen zur Beerdigung: Die Familie wünscht keine Beteiligung der Schule an der Beerdigung. Diesen Wunsch sollten wir respektieren. Wir werden, wie bereits angedacht, eine schulinterne Abschiedsfeier gestalten, zu der wir die Familie von Michael selbstverständlich einladen werden.

Die Vorbereitungsgruppe zur Abschiedsfeier wird sich wieder am 12.03. um 13.30 Uhr in Raum 312 zusammenfinden. Dort werden auch Herr Brass und Frau Selmann anwesend sein.

Wir möchten den Weg gerne gemeinsam mit euch gehen, auch wenn

3 Dieser Informationsbrief ersetzt allerdings nicht das zudem erforderliche persönliche Gespräch.

wir ihn selbst nicht kennen und wir ebenso unsicher, betroffen und manchmal hilflos sind wie ihr.

Es grüßt euch herzlich
Silvia Gehrnau
Schulleiterin

Brief an Kollegen/Lehrer bei Tod eines Schülers

Sachliche Darstellung des Geschehens, Anteilnahme, Information über weiteres Vorgehen, Zusammenfassung bisheriger Ergebnisse, Verantwortliche für bestimmte Aufgaben, Krisenteam, Information zu Trauerreaktionen und Trauerprozessen, positive Erinnerungen an den Verstorbenen, Hinweise zu externen Unterstützungsangeboten für Schüler und Lehrer.

Liebe Kollegen,

heute Vormittag, am 13.06.2012, wurde mir mitgeteilt, dass unser Schüler Lars Walter (Klasse 12 – Bio LK Herr Hamm, EW LK Frau Schöngen) gestern Abend bei einem schweren Unfall mit seiner Mutter gestorben ist.

Wie Sie vielleicht wissen, ist die jüngere Schwester Meike ebenso Schülerin unserer Schule (Klasse 8c – Klassenlehrerin Frau Blum). Viele von uns sind tief betroffen. Wir möchten der ganzheitlichen Verantwortung für unsere Schüler nachkommen und mit dem schweren Thema in der Schule angemessen umgehen.

Wir haben im Kollegium das Übermitteln der Todesnachricht besprochen sowie das weitere Vorgehen abgestimmt. Bisherige Ergebnisse möchten wir wie folgt festhalten:

- *Die Schüler haben die Todesnachricht sehr unterschiedlich aufgenommen. Erste Reaktionen reichten von Weinen, Schreien, Albernheit bis hin zu Schock oder scheinbarer Unberührtheit (vergleichen Sie dazu bitte unsere Information: Trauer, Trauerreaktionen und Trauerprozesse). Besonders betroffen sind die Kurse von Lars, enge Freunde von Lars und Meike, sowie die Klasse 8c (Namen und Aufschlüsselung – siehe beigefügte Liste).*
- *Frau Schöngen wird nach telefonischem Kontakt Herrn Walter und Meike besuchen. Sie wird unser Mitgefühl ausdrücken, erfragen, wie wir die Hinterbliebenen unterstützen können (praktisch, Trauerfeier …)*

- *Herr Bennemann wird eine offizielle Traueranzeige der Schule gestalten und aufgeben*
- *Die Klasse von Frau Blum und die LK-Kurse Bio/EW werden ebenfalls eine Anzeige gestalten und aufgeben.*
- *Wir haben den Seelsorger, Herrn Weiß, und die Trauerbegleiterin, Frau Dahlke, angerufen. Beide werden uns in den nächsten Tagen unterstützen.*
- *Herr Gunter wird mit Schülern, die das möchten, eine schulinterne Abschiedsfeier gestalten. Raum 334, 14.06.2012, 8.45 Uhr.*
- *Frau Hanke wird einen Brief an die Eltern verfassen und mit der Trauerbegleiterin, Frau Dahlke, einen Elternabend vorbereiten.*
- *Ein Krisenteam wurde gebildet. Neben den Lehrern Frau Blum, Herr Gunter, Herr Hamm, Frau Schöngen, Frau Niesen und Herr Bennemann gehören Herr Weiß (Seelsorger) und Frau Dahlke (Trauerbegleiterin) dazu.*
- *Am 13.07.2012 wird nach Unterrichtsende eine weitere Konferenz des Krisenteams über das weitere Vorgehen entscheiden und Sie über die Ergebnisse informieren.*

Wir möchten die traurige und schwierige Situation so gut wie möglich für jeden Einzelnen, aber auch für die Schulgemeinschaft gestalten. Bitte achten Sie gut auf sich selbst und nehmen Sie bei Bedarf die Beratungs- und Unterstützungsangebote von Herrn Weiß und Frau Dahlke in Anspruch. Ich wünsche uns allen Kraft, Zuversicht und Wege für uns selbst und miteinander in dieser Situation zu finden.

In Verbundenheit Lothar Bruchhagen (Schulleiter)

Brief an die Eltern bei Tod eines Mitschülers

Sachliche Darstellung des Geschehens, Anteilnahme, Information über weiteres Vorgehen, Trauerreaktionen, Trauerfeier, positive Erinnerungen an den Verstorbenen, Hinweise zu externen Unterstützungsangeboten für Schüler, Informationen über weitergehende Angebote für Erwachsene, Einladung zu Elternabend/Sprechstunden/Telefonischer Beratung.

Liebe Eltern der Klasse 7c,

leider müssen wir Ihnen heute eine sehr traurige Nachricht überbringen. In den Ferien ist Marvin Steinbach, der Mitschüler Ihrer Kinder, an den

Folgen eines schweren Autounfalls gestorben. Wir sind selbst tief betroffen und können noch nicht glauben, dass Marvin nicht mehr wiederkommen wird. Einige Kinder wussten bereits davon, andere erfuhren erst heute vom Tod ihres Mitschülers. Die Reaktionen der Kinder auf die Nachricht waren sehr verschieden.

Aus der Trauerforschung ist bekannt, dass sehr unterschiedliche und oft widersprüchliche Gefühle in der Trauer normal sind. Wir haben auf behutsame Weise mit den Kindern über ihre eigenen Gefühle in Bezug auf den Tod von Marvin gesprochen und gemeinsam Wege gesucht, diese auszudrücken. Die Kinder haben beschlossen, der Familie Steinbach zu schreiben. Nach Absprache mit Familie Steinbach werden ein Kollege und die Elternpflegschaftsvorsitzende die Familie heute Abend besuchen und unsere Anteilnahme ausdrücken. Zudem kann auch geklärt werden, ob die Familie eine Beteiligung an der Trauerfeier wünscht.

Gerne möchten wir Sie darüber, wie wir weiter mit dem Thema in der Schule umgehen werden, informieren. Deshalb möchten wir Sie morgen Abend um 19.30 Uhr zu einem Elternabend im Klassenraum 321 einladen. Es wird Gelegenheit geben sich auszutauschen, Fragen zu stellen und Anregungen zu geben. Zudem wird die Trauerbegleiterin, Frau Lehmann, Ihnen für Fragen zur Verfügung stehen und Hinweise zum Thema Trauer von Jugendlichen sowie zu Unterstützungsmöglichkeiten geben. Gerne können Sie sich auch so an uns wenden. In unserem Sekretariat liegen zudem Listen mit Literatur, Internetadressen und Adressen von Kontaktstellen zum Thema aus. Der Tod von Marvin ist traurig und stellt für uns alle eine neue außergewöhnliche Situation dar. Wir möchten den Abschied von Marvin so gut wie möglich gestalten und werden versuchen die Jugendlichen unterstützend in ihrer Trauer zu begleiten.

Herzliche Grüße
Martina Klein (Klassenlehrerin) und Peter Ahlen (Schulleiter)

Brief an die Eltern bei Tod eines Mitschülers II

Sehr geehrte Eltern der Klasse 8a,

wir haben heute eine sehr traurige Nachricht erhalten. Unser Schüler Tobias Ritter ist am vergangenen Samstag an den Folgen eines Unfalls gestorben. Ein LKW hatte ihn auf seinem Fahrrad am Freitag auf dem Heimweg von der Schule erfasst und überrollt. Samstagnacht ist er im Marienkrankenhaus gestorben.

Diese Nachricht hat uns sehr schockiert. Uns fehlen die Worte unsere

Trauer auszudrücken. Wir möchten uns in den nächsten Tagen und Wochen viel Zeit nehmen, um gemeinsam Wege zu finden, um über die Gedanken, Ängste und Gefühle der Trauer zu sprechen. Menschen reagieren mit sehr unterschiedlichen und oft auch widersprüchlichen Gefühlen (Wut, Weinen, Angst, Verzweiflung, Aggression, Freude, Dankbarkeit …) auf den Tod eines Menschen aus dem nahen Lebensumfeld. Trauerreaktionen sind abhängig von der Beziehung, die zum Verstorbenen bestanden hat. Je enger die Bindung, umso intensiver werden auch die Trauerreaktionen sein. Schauen sie deshalb, wie nahe Ihr Kind Tobias gestanden hat. Sprechen Sie mit Ihrem Kind. Vielleicht gibt es auch noch etwas, was ihr Kind Tobias sagen wollte. Dann kann es helfen, dies aufzuschreiben.

Weitere Faktoren bestimmen mit über den Trauerprozess. Es kann hilfreich sein, mehr darüber zu wissen.

Auf unserem geplanten Elternabend möchten wir Ihnen deshalb gerne weitere Informationen sowie Gelegenheit geben Fragen zu stellen und uns mit Ihnen austauschen.

Frau Lehmann wird die Familie Ritter heute besuchen. Wir werden Sie darüber informieren, wie die Familie den Abschied von Tobias plant. Zudem wird es eine kleine schulinterne Abschiedsfeier geben. Hier würden wir Sie gerne um Unterstützung bitten. Näheres sollte auf dem Elternabend besprochen werden.

Unser Vertrauenslehrer Herr Habrecht sowie die Trauerbegleiterin Frau Wörner ist täglich persönlich oder telefonisch von 8.00 Uhr bis 13.00 Uhr in der Schule zu erreichen. Wenn Sie Fragen haben oder Unterstützung wünschen, wenden Sie sich bitte an uns. Zusätzlich können Sie sich auch mit dem Seelsorger Herrn Greiner unter der Telefonnummer 02013/7734 in Verbindung setzten. Wir wünschen Ihnen und Ihren Familien alles Gute.

Es grüßt Sie
Sandra Pauls (Schulleiterin)

Brief an die Eltern bei Tod eines Mitschülers III

Liebe Eltern,

der Schüler Benjamin Stark, der in unserer Schule die Oberstufe besuchte, ist am Mittwoch, den 20. Februar, gestorben. Er ist an den Folgen einer nicht ansteckenden Hirnhautentzündung gestorben. Die Nachricht von seinem Tod hat uns sehr betroffen gemacht. Wir sind traurig und es ist schwer zu akzeptieren, dass Benjamin, der vielen von Ihnen vielleicht durch sein Engagement in der SV und der Schülerband bekannt ist, nicht mehr lebt. Besonders fühlen wir mit den Eltern, der Schwester und Freunden von Benjamin.

Am Haupteingang unserer Schule haben wir für Benjamin einen Erinnerungstisch aufgestellt. Auf ihm befinden sich ein Foto von Benjamin, eine Kerze, Erinnerungsgegenstände und ein Kondolenzbuch. In das Kondolenzbuch können sich alle hineinschreiben, die dies möchten.

Jugendliche reagieren auf Todesnachrichten sehr unterschiedlich. Reaktionen auf einen Verlust können vielfältig sein: Rückzug, Überaktivität, Wut, Weinen, Erstarrung, Angst, Konzentrationsprobleme, Albernheit, Aggressivität: Diese und noch viele andere Reaktionen sind »normale« Trauerreaktionen.

Wir möchten die Schüler unserer Schule unterstützen, mit dem Tod von Benjamin umzugehen und das Erlebte zu verarbeiten. Deshalb haben wir ein Krisenteam eingerichtet, welches für Fragen und Anliegen zur Verfügung steht.

Die Klassen- und Kurslehrer werden ihre Klassen und Kurse informieren, Raum für Gefühle und Empfindungen geben und die Fragen der Jugendlichen offen und ehrlich beantworten.

Wir möchten dem Geschehenen auch mit kreativen Methoden, sowie Ritualen begegnen. Darüber hinaus stehen uns allen verschiedene qualifizierte Trauerbegleiter und Seelsorger zu Einzelgesprächen oder weiterführender Begleitung zur Verfügung.

Kinder und Jugendliche lernen von ihren Bezugspersonen, wie diese mit Krisen und Verlust umgehen. Sprechen Sie deshalb über Ihre eigenen Gefühle im Zusammenhang mit Sterben, Tod und Trauer und geben Sie Gelegenheit Fragen zu stellen. Unterstützen Sie Dinge, die Freude machen. Das gibt Kraft für den anstrengenden Trauerprozess.

Bei Fragen können Sie uns gerne anrufen oder einen persönlichen Gesprächstermin mit uns oder der Trauerbegleiterin vereinbaren. Tel. täglich 8.00–14.00 Uhr 0232/3435

Zudem halten wir Listen mit Literatur, Internethinweisen und örtlichen Unterstützungsangeboten für Sie im Sekretariat bereit. Gerne senden wir diese auch per Mail zu.

Wir wünschen Ihnen und Ihren Familien alles Gute.

Seien Sie freundlich gegrüßt
Cornelia Bell, Schulleiterin

Brief an die Eltern bei Tod eines Lehrers

Sehr geehrte Eltern,

der Tod unseres Lehrers Sebastian Gabriel hat uns alle, Schüler wie Kollegium, tief erschüttert. Herr Gabriel, war – wie viele von Ihnen durch die Klassenfahrten und Ausflüge, die er mit den Kindern unternommen hat, wissen – ein sehr erfahrener Segler, der nie Risiken eingegangen ist. Er ist am Wochenende durch noch ungeklärte Umstände zusammen mit einem Freund beim Segeln ertrunken. Wir sind fassungslos, schockiert und auch unsicher, wie wir mit seinem Tod umgehen sollen. Unsere Gedanken sind immer wieder bei der Familie und den Freunden von Herrn Gabriel. In der Schule versuchen wir mit unseren Möglichkeiten, die Schüler in dieser schwierigen Zeit unterstützend zu begleiten.

Herr Gabriel war ein sehr beliebter Lehrer. Das haben uns auch die Reaktionen der Schüler und Kollegen auf die Nachricht seines Todes deutlich gemacht. Wir sind deshalb froh, dass wir im letzten Jahr ein Krisenteam gebildet haben, das sich zum Thema »Umgang mit Tod und Trauer in der Schule« fortgebildet hat. Auf diese Erfahrungen und das Wissen können wir nun zurückgreifen. Das Krisenteam wird sich um die Koordination des weiteren Vorgehens und die Angebote für Schüler, Lehrer und Eltern kümmern. Nähere Informationen erhalten Sie in den nächsten Tagen.

Möglicherweise setzt sich Ihr Kind in diesen Tagen sehr intensiv mit den Themen Sterben, Tod und Verlust auseinander. Vielleicht hat es bereits Erfahrungen im Zusammenhang mit Abschied, Tod, Sterben und Verlust gemacht. Erinnerungen daran können jetzt wieder auftauchen. Eventuell wird Ihr Kind aber zum ersten Mal mit dem Sterben und den damit auftauchenden und oft widersprüchlichen Gefühlen konfrontiert. Deshalb ist es wichtig, dass Sie Ihr Kind mit seinen Trauerreaktionen und seinen Fragen nicht alleine lassen, auch wenn diese schwer auszuhalten sind oder Ihnen unverständlich erscheinen.

Gerne geben wir Ihnen weitere Informationen. Dazu haben wir telefonische und persönliche Sprechzeiten mit Frau Winter aus dem Krisenteam und Frau Schneider, einer erfahrenen Kinder- und Jugendtrauerbegleiterin, für Sie eingerichtet:

Telefonische Sprechstunden: täglich 9.30 Uhr bis 16.30 Uhr

Persönliche Sprechstunden Mo. u. Do. 10.00 Uhr bis 12.00 u. 14.00–16.00 Uhr sowie nach Vereinbarung

Telefonnummer: 0225/77777 oder info@trauer-dbg-schule.de

Wir werden uns bemühen, die normalen Abläufe in der Schule beizu-

behalten und möchten trotzdem Raum für die Trauer geben. Wir würden uns freuen, wenn wir auch in dieser Situation auf unsere bisherige gute Zusammenarbeit mit den Eltern zurückgreifen könnten und stehen gerne für Ihre Fragen und Anliegen zur Verfügung.

Es grüßt Sie
Arnim Bernhard
Schulleiter

Brief an die Eltern nach einem Suizid

Sachliche Darstellung des Geschehens, Benennung der Todesursache, Anteilnahme, Information über weiteres Vorgehen, Trauerreaktionen, Trauerfeier, positive Erinnerungen an den Verstorbenen, Hinweise zu externen Unterstützungsangeboten für Schüler, Informationen über weitergehende Angebote für Erwachsene, spezielle Hinweise und Literatur zum Thema Suizid, Einladung zu Elternabend/Sprechstunden/Telefonischer Beratung.

Liebe Eltern,

über das Wochenende haben wir erfahren, dass unser Schüler Mark Hellmann aus der Klasse 9b sich das Leben genommen hat. Wir sind alle sehr traurig und erschrocken über seinen plötzlichen Tod. Sicherlich ist das, was wir nun empfinden, nur ein kleiner Teil dessen, was die Familie von Mark jetzt fühlt.

Vielen stellt sich die Frage nach dem Warum *und vielleicht fragen wir uns auch, ob wir Marks Tod nicht hätten verhindern können, ob es nicht einen anderen Ausweg gegeben hätte. Sicher werden viele Fragen in diesem Zusammenhang offen bleiben, ohne Antwort, und es wird schwer damit zu leben. Wir möchten offen mit den Erinnerungen an Mark, mit unseren Gedanken und Gefühlen und der Todesursache umgehen. Wir möchten Gelegenheit geben, Abschied zu nehmen von Mark. Deshalb laden wir alle Schüler und Eltern, die dies möchten, zu einer schulinternen Trauerfeier am Mittwoch, 17.5., um 16.00 Uhr ein.*

Außerdem möchte die Schule verschiedene Ansprechpartner für Schüler, Lehrer und Eltern zur Verfügung stellen. Neben einigen Lehrern sind darunter auch ein Notfallseelsorger sowie eine Trauerbegleiterin.

Gerne können Sie sich über das Sekretariat kurzfristig einen Termin geben lassen. Zusätzlich möchten wir am 14.05. um 20.00 Uhr zu einem Elternabend einladen. Wir würden uns freuen, wenn Sie trotz des trau-

rigen Anlasses und des schweren Themas kommen würden. Es ist für uns und die Schüler wichtig, dass wir informiert sind und uns zu den wesentlichen Anliegen und Fragen austauschen können.

In der Trauerforschung wurde festgestellt, dass eine offene und ehrliche Auseinandersetzung mit den Themen Sterben, Tod, Trauer und auch Suizid wichtig ist. Sie sollten nicht tabuisiert oder aus gut gemeintem Schutz verschwiegen werden.

Deshalb möchten wir auch offen über den Suizid von Mark sprechen und gemeinsam mit den Schülern Wege im Umgang damit finden. Sie können die Jugendlichen unterstützen, indem Sie Ansprechpartner für sie sind und mit ihnen über das Ereignis sprechen. Die Reaktionen von Kindern und Jugendlichen zum Tod können sehr unterschiedlich sein. Dazu können Wut und Aggression ebenso gehören wie Tränen und Trauer. Akzeptieren Sie die Gefühle in diesem Zusammenhang und beantworten Sie Fragen offen und ehrlich. Wenn Sie oder Mitschüler den Eindruck haben, dass andere Jugendliche suizidgefährdet sein sollten, zögern Sie nicht fachliche Hilfe einzuschalten. (Notfallseelsorger: Herr Wagner 0172–3344522, Schulpsychologischer Dienst, Frau Menke 0234–27156, Trauerbegleiterin, Frau Selmann 0172–87549.

Frau Selmann, die Trauerbegleiterin, wird Ihnen am Elternabend zudem weitere Informationen zum Thema geben können.

Wenn Sie vorab ein Einzelgespräch mit dem Notfallseelsorger, Herrn Wagner, oder mit Frau Selmann wünschen, melden Sie sich bitte bei Frau Frahn im Sekretariat. Tel. 0234–2345.

Wir wünschen uns allen, dass wir Mark mit positiven Eindrücken in Erinnerung behalten können und dass nicht nur die Schreckensbilder der letzten Tage unsere Gedanken an Mark beherrschen. Es wäre weiterhin unser Wunsch, dass wir als Schulgemeinschaft dazu beitragen, Familie Hellmann in ihrer schweren Situation zu unterstützen. Dies kann durch unsere ehrliche Anteilnahme, aber auch durch ein Verhalten in der Öffentlichkeit sein, das Beschuldigungen und Spekulationen zum Tod von Mark unterlässt und Schuldzuweisungen entgegentritt. Ein junger Mensch ist gestorben, das ist schwer genug für alle, die Mark kannten und nun ohne ihn leben müssen. Wir danken für Ihr Verständnis, Ihre Anteilnahme und wünschen Ihnen und Ihren Familien alles Gute.

Es grüßt Sie herzlich
Silvia Gehrnau
Schulleiterin

Brief an die Angehörigen

Anteilnahme, Information über Vorgehen an der Schule, Angebote zur Unterstützung, positive Erinnerungen an den Verstorbenen, Hinweise zu Unterstützungsangeboten, Einladung zum Elternabend, offen formulierte gute Wünsche, die an die Trauernden gerichtet sind (»Wir wünschen Ihnen Kraft.«).

Liebe Eltern von Pascal, liebe Nina, lieber Robin,

vor wenigen Tagen haben wir erfahren, dass Ihr Sohn Pascal, euer Bruder, nach seiner langen und schweren Krankheit gestorben ist. Obwohl wir wussten, dass er so krank war und sterben würde, hat uns die Nachricht sehr erschüttert. Besonders in Pascals Klasse, aber darüber hinaus in der ganzen Schule, im Kreis des Lehrerkollegiums und der anderen Mitarbeiter unserer Schule ist die Trauer um Pascal deutlich zu spüren.

Auch wenn wir sicherlich nicht erahnen können, welch tiefen Schmerz Sie durchleben müssen, so möchten wir, dass Sie wissen, dass auch wir sehr traurig sind, von Pascal Abschied nehmen zu müssen. Von ganzem Herzen möchten wir Ihnen unser Mitgefühl ausdrücken.

Pascal hat uns immer wieder mit seiner positiven Lebenseinstellung beeindruckt und alle, die ihn im letzten Jahr begleitet haben, sprechen davon, wie viel sie gerade in dieser Lebenssituation von ihm lernen konnten. Wir sind dankbar, dass wir ihn kennenlernen durften.

Seine Freundesgruppe aus der Schule hat vorgeschlagen einen Erinnerungsort an ihn und alle Verstorbenen unserer Schule mit einer Gedenktafel einzurichten.

Diese Idee hat uns alle angesprochen und wir werden sie umsetzen. In unserer Schule haben wir bereits einen Gedenktisch für Pascal eingerichtet, den viele Schüler und Lehrer aufsuchen, um an ihn zu denken, sich an die Zeit mit ihm zu erinnern, eine Kerze anzuzünden, Gedanken an ihn aufzuschreiben. Sie können sich nicht vorstellen, wie viele Zeichen und Gesten für Pascal dort schon zusammengekommen sind. Es ist beeindruckend, zu sehen, wie viel er seinen Mitschülern und Lehrern bedeutet hat.

Wir möchten Ihnen sagen, dass wir mit unseren Herzen und Gedanken jeden Tag bei Ihnen und Pascal sind und ihn immer in wertschätzender Erinnerung behalten werden.

Zu den Erinnerungen gehören auch Pascals persönliche Gegenstände und seine Kunstbilder.

Wir haben diese Dinge hier für Sie gesammelt. Bitte entscheiden Sie, ob Sie diese haben möchten, wann Sie die Sachen hier abholen möchten oder ob wir Ihnen die Sachen nach Hause bringen sollen. Wir richten uns nach Ihrem Wunsch und möchten Sie in der nächsten Woche deshalb noch einmal anrufen. Wir wünschen Ihnen als Familie Menschen, die Sie auf dem schweren Weg der Trauer begleiten. Mögen Sie Kraft finden in dieser schweren Lebenszeit und mögen die Erinnerungen an Pascal Ihnen dabei Trost schenken.

Gerne sind wir auch weiter für Sie und Ihre Familie da.

Mit herzlichen Grüßen der Verbundenheit
Ursula Klein (Unterstufenleiterin) und Mathias Stock (Schulleiter)

5.4 Anregungen für einen Elternabend

Zur sozialen Gemeinschaft Schule gehören auch die Eltern. Häufig werden sie, wenn ein Schüler oder Lehrer gestorben ist, nicht informiert oder bekommen nur Fragmente zum Geschehen übermittelt. So bleibt vieles vage und offen, was aber geklärt werden und zu einem unkomplizierteren Umgang beitragen könnte. Immer wieder rufen Eltern mich an, weil sie sich Sorgen um ihre Kinder machen, sie deren Reaktionen auf den Verlust verstehen und ihnen helfen möchten.

Praxisbeispiel: Eine verzweifelte Mutter wollte wissen, was sie tun könne, um ihrer Tochter Melanie (14 Jahre) zu helfen. Nach dem plötzlichen Tod ihrer Freundin und Mitschülerin Rebecca wollte Melanie nicht mehr allein zu Hause bleiben und hatte Angst nach draußen zu gehen.

Ich habe die Erfahrung gemacht, dass Transparenz, Information zum Geschehen, zu Trauerprozessen, Trauerreaktionen und zum weiteren Vorgehen in der Schule sowie das Einbeziehen der Eltern sich entlastend für alle auswirken.

In der Praxis hat sich zudem gezeigt, dass, je eher und je offener Eltern einbezogen werden, Schulen auf die Unterstützung von Eltern zurückgreifen können. Außerdem werden das gegenseitige Vertrauen gestärkt und Gespräche zu Hause angeregt.

Elternabend

Der Elternabend sollte von einem Klassenlehrer, LK- oder Stufenleiter geleitet werden, der dies emotional tragen kann. Andere Betroffene und mit den Schülern in Kontakt stehende Lehrer sollten, wenn es ihre persönliche Verfassung erlaubt, ebenfalls anwesend sein.

Je nach Sachlage können Trauerbegleiter, Vertreter von Polizei, Seelsorge oder Krisenintervention einbezogen werden. Sachliche Information zum Geschehen, zu Traumata, Trauerreaktionen und Trauerprozessen sollten erläutert werden. Das Vorgehen der Schule sollte transparent gemacht und den Eltern Gelegenheit gegeben werden ihre Gefühle, Gedanken und Fragen zu äußern. Positive Erfahrungen habe ich mit der Bereitstellung eines Büchertisches zum Thema gemacht. Zudem hat sich gezeigt, dass Eltern Kontaktlisten mit lokalen Unterstützungsangeboten sowie Internethinweise gerne annehmen. Das Auslegen des Kondolenzbuches vom Trauertisch bietet Eltern außerdem die Möglichkeit, einen Einblick in die Trauer der Jugendlichen zu bekommen.

Je nachdem beteiligen sich Eltern, indem sie selbst Gedanken oder Gefühle dazu schreiben oder eigene Ideen entwickeln, etwas zu gestalten. Der Elternabend bietet zudem die Möglichkeit einen gemeinsamen Brief an die Angehörigen zu verfassen und über andere Zeichen der Anteilnahme oder Unterstützungsmöglichkeiten nachzudenken. Elternabende bieten außerdem die Chance, Ungeklärtes anzusprechen, Unsicherheiten und Fragen zu begegnen, aber auch persönliche oder gemeinschaftliche Betroffenheit zu äußern. Fassungslosigkeit, Hilflosigkeit und Tränen sollten und dürfen deshalb auch bei einem Elternabend Raum finden. Dies sollte zu Anfang explizit gesagt und durch bereitgelegte Taschentücher vermittelt werden.

Wesentlich ist es, den Eltern bewusst zu machen, dass die Auseinandersetzung mit dem Themenbereich zwar traurig und schmerzhaft ist, es aber trotzdem positive Aspekte mit sich bringt, der Situation nicht auszuweichen.

Wenn ich als Trauerbegleiterin die Elternabende leite oder mitgestalte, sorge ich für den Büchertisch, die *Mitte* und informiere die Eltern zum Thema Trauer, wobei immer Gelegenheit für Fragen besteht. Lehrer fühlen sich entlastet, wenn sie um die fachliche Unterstützung für den Elternabend wissen.

Büchertisch

Material: Stifte und kleine Zettel, falls Eltern sich Buchtitel notieren möchten, Fachliteratur, Hinweislisten mit Büchern, Internetadressen und Kontaktstellen, besondere Taschentücher, Kerze

Gestaltete Mitte

Eine wie in Kapitel 5.5 beschriebene, gestaltete Mitte kann dazu beitragen, eine warme, vertraute Atmosphäre zu schaffen.

Präventive Projekte

Präventive Projekte oder das Aufgreifen des Themenkomplexes im Unterricht bieten außerdem Gelegenheit Eltern durch einen Elternabend in die schulische Arbeit einzubeziehen. Einer Tabuisierung kann so entgegengewirkt werden. Im konkreten Krisenfall in der Schule, aber auch im persönlichen Umfeld kann dann auf die Auseinandersetzung mit dem Themenkomplex und vorhandenes Wissen zurückgegriffen werden.

5.5 Notfallkoffer

Im Folgenden möchte ich Empfehlungen zur praktischen Vorbereitung im Vorfeld geben. Im Notfall kann darauf zurückgegriffen werden. Hektik und Chaos können so vermieden werden.

Grundsätzlich tut es gut in einer belastenden Situation Fürsorge, Zuneigung und Verständnis zu erfahren. Neben den bereits beschriebenen Möglichkeiten der kreativen Gestaltung und den folgenden Hinweisen, des »Notfallkoffers« könnten Getränke, Süßigkeiten, Obst und eventuell Decken bereitgehalten werden. Die gestaltete Mitte im Stuhl- oder Sitzkreis auf dem Boden schafft eine besondere Atmosphäre und soll es erleichtern über das Geschehen, Gefühle und Gedanken zu sprechen. Besonders den Stressball/Knetball erlebe ich immer wieder als hilfreiches Utensil, da bereits durch das Kneten und Verformen des Balls Gefühle zum Ausdruck kommen und das Sprechen erleichtert wird. Sich eine Sammlung von Kurztexten, kreativen Ideen (vgl. www.dellanima.de und St. Witt-Loers: Material CD »Kindertrauergruppen leiten – ein Handbuch«, Gütersloh 2013), Gedichten, Musikstücken und Bildern anzulegen kann zudem in akuten Situationen entlasten. Im oben genannten Buch und auf der Internetseite finden sich auch Fotos von gestalteten Mitten (weitere Hinweise dazu auch im Kapitel 5.8).

Anregungen und Material für eine Mitte

- Organza Tuch/Tücher (orange, hellgrün, gelb – schön auch in Kombination – nicht schwarz),
- Kerze,
- kleine Vase oder Topf mit Blumen oder Schale mit Wasser, Schwimmkerzen und Blüten,
- Kleine Staffelei für Foto des/der Verstorbenen (Bastelabteilung Baumärkte),
- Foto des/der Verstorbenen,
- besonders bedruckte Taschentücher,

- leere kleine Karteikarten und Stifte für Impulse,
- Symbolgegenstände (Muschel, Spirale, Schmetterling, Stein, Feder, Rose von Jericho, Lebensweg …),
- Stressball/Knetball oder Redestein,
- Feuerzeug/Streichhölzer.

Material für die Gestaltung des Platzes des Verstorbenen
- Kerze,
- Foto des/der Verstorbenen,
- Erinnerungsgegenstände an den Verstorbenen.

Anregungen und Utensilien für einen Trauertisch
- Tuch (nicht schwarz),
- Kerze,
- kleine Vase oder Topf mit Blumen,
- kleine Staffelei für Foto des/der Verstorbenen (Bastelabteilung Baumärkte) oder ein Bilderrahmen mit dem Foto der verstorbenen Person,
- Foto des/der Verstorbenen,
- besondere Taschentücher,
- Buch, in welchem die Trauernden Gedanken, Wünsche, Dank, Erinnerungen usw. an den Verstorbenen ausdrücken können (das Buch kann später den Angehörigen übergeben werden, denen diese Zeichen der Anteilnahme meist sehr wichtig sind),
- Symbolgegenstände (Muschel, Spirale, Schmetterling, Stein, Feder, Rose von Jericho, Brücke, Samenkörner …),
- Platz für individuelle Trauerbekundungen.

Weiteres Material (vgl. auch Kapitel 5.6 und 5.7)
- Briefpapier und Umschläge,
- Weiße Friedhofskerzen,
- Steine,
- Feuerzeuge, Streichhölzer,
- Wachsmalkreide/Buntstifte (halten länger) Filzstifte und Acrylfarbe sollten aktuell besorgt werden,
- kurze Impulstexte (vgl. Liste Kapitel 5.8),
- Bilder, Fotos oder Postkarten (vgl. Liste Kapitel 5.8),
- Entspannungsmusik (vgl. Liste in Kapitel 5.8),
- Fachliteratur (vgl. Liste in Kapitel 5.8),
- Liste mit professionellen örtlichen Unterstützungsangeboten,

- Listen kopieren aus Kapitel 5.8 (Literatur- und Internethinweise für Lehrer, Schüler, Eltern),
- individuelle, der Schule entsprechende Mittel (angepasst an Vorerfahrungen oder/und den Bedingungen der Schule – z. B. vom Schultyp abhängig, Förderschule, Berufsschule, Realschule, Oberstufe Gymnasium …),
- Föngeräte, Küchenrollen, feuchte Tücher, Abdeckmaterial für Tische (Erste- Hilfe-Decken, große Mülltüten),
- gesammelte Postkarten mit Motiven, die zum Themenbereich passen (vgl. Hinweis Kapitel 5.8).

Immer wieder werde ich von Lehrern gefragt, wann der Trauertisch in der Klasse/Kurs oder im für alle zugänglichen Bereich entfernt werden soll. Meist wird durch die am Tisch niedergelegten Zeichen oder die Einträge im Trauerbuch deutlich, wie intensiv der Tisch noch genutzt wird. Ist der Trauertisch in einem Raum der Klasse/des Kurses können die Schüler gefragt werden, ob sie einverstanden sind den Tisch abzubauen. Das Abräumen des Tisches kann insgesamt oder nach und nach erfolgen. Meist haben sich dort Zeichen der Trauer (Gegenstände, Bilder, Briefe) gesammelt, die nach Absprache mit den Schülern den Angehörigen übergeben werden können. Ich habe die Erfahrung gemacht, dass Angehörige diese Geste meist als sehr tröstlich erleben.

Lehrer, die eine belastende Situation in der Schule im Zusammenhang mit Tod und Trauer erleben, sollten gut auf sich selbst achten, um die eigene Gesundheit in dieser Krise zu erhalten. Möglichkeiten zur eigenen Stärkung und Selbstregulation können sein:
- Entspannung durch: Yoga, Qui Gong, Autogenes Training, Massagen, aber auch durch andere individuelle Wege wie
- einen Film anschauen, Musik hören, malen, spazieren gehen, tanzen, schreiben, andere kreative Methoden,
- über das Erlebte, Gefühle und Gedanken mit vertrauten Menschen sprechen,
- sich körperlich pflegen: schlafen, essen, (vitaminreiche Nahrung), genügend trinken, zu Hause für eine positive Atmosphäre sorgen durch: Blumen, schönen Duft, angenehmes Licht, Musik,
- Geduld mit sich selbst, nicht zu viel von sich verlangen, erwarten,
- eventuell professionelle Unterstützung suchen,
- sich schwere Zeiten vergegenwärtigen, die schon »überlebt« wurden, sich bewusst machen, was damals hilfreich war und heute auch unterstützen könnte.

5.6 Kreative Gestaltungsmöglichkeiten

In der Trauer aktiv zu sein, sich als selbstwirksam zu erleben, stärkt das Selbstvertrauen und unterstützt dabei, die Trauer zu durchleben. Kreativität wirkt dem Gefühl der Ohnmacht entgegen. Jugendliche können sich in der kreativen oder auch körperlichen Betätigung beweisen, dass sie noch in der Lage sind, bestimmte Dinge zu kontrollieren und dass sie nicht allem hilflos ausgeliefert sind.

Trauer kann in der Schule fächerübergreifend ausgedrückt und bearbeitet werden. So im Kunstunterricht durch: Malen, Zeichnen, Gestalten mit Ton, Holz, Metall, Schrott, Abfällen, Gestalten von Kerzen oder Collagen, Erstellen eines Videoclips mit Erinnerungen an den Verstorbenen, im Sportunterricht durch bestimmte Sportarten, die wut- und aggressionsentlastend sind (Boxen, Karate, Tanzen), oder Entspannungsübungen, im Biologieunterricht durch Naturerlebnisse, im Deutschunterricht durch das Schreiben eigener Texte, im Musikunterricht durch Hören oder Gestalten von Musik, im Religionsunterricht kann eine Gedenkfeier vorbereitet werden.

Beispielhaft möchte ich Hinweise zu möglichen Ausdrucksformen geben, die sowohl in der Gemeinschaft, aber auch als Orientierung für einzelne an der Schule trauernde Jugendliche verwendet werden können. Gleichzeitig möchte ich aber nochmals darauf hinweisen, dass Angebote immer freiwillig sein müssen.

Schreiben

Schreiben ist eine wichtige Ausdrucksform in der Trauer, z. B.: Tagebuch schreiben, Gedichte oder Geschichten schreiben, Fotoalbum oder Erinnerungsbuch gestalten, Briefe an sich selbst, an den Verstorbenen (Abschiedsbrief/Wunsch/Dank/Vergebung/Entschuldigung) oder an die Angehörigen schreiben, dabei ist es nicht wesentlich, dass die Briefe abgeschickt werden. Sie können auch als Flaschenpost oder Papierschiff auf die Reise geschickt oder verbrannt werden.

Projektideen

Möglich sind auch Initiativen zu Projekten, wenn z. B. der Verstorbene durch eine bestimmte Krankheit, in einem Kinder- und Jugendhospiz oder durch eine bestimmte Todesart (Suizid – Unterstützung von Agus, www.agus-selbsthilfe.de) gestorben ist. Hier können auf vielfältige Art Spenden für solche Projekte gesammelt werden.

Kreative Gestaltungsmöglichkeiten

Neben Malen, Zeichnen oder dem Gestalten mit verschiedenen Materialien hier einige andere Anregungen.

Grundsätzlich wird benötigt: Material zum Abdecken der Tische (Erste-Hilfe-Decken oder große Mülltüten, feuchte Putzlappen oder Einmaltücher (fertige feuchte Allzwecktücher im Drogeriemarkt) Küchenrollen. Hilfreich sind auch mehrere Föngeräte. Gegenstände können so schneller getrocknet und weiter bearbeitet werden. Fotos der kreativen Gestaltungsmöglichkeiten finden sich unter www.dellanima.de

Fußspuren ausschneiden

Material: Buntes Papier, Scheren, Stifte

Jeder schneidet eine Fußspur aus und gestaltet diese unter der Fragestellung: Welche Spur hinterlässt der Verstorbene in meinem Leben? Es kann geschrieben oder gemalt werden. Die Spuren können bei der Abschiedsfeier einbezogen werden und in der gestalteten Mitte, im Klassenraum oder einem der ganzen Schule zugänglichen Ort Raum finden.

Tuch oder Plakat gestalten

Material: Betttuch oder großes Plakat, Fingerfarbe, Acrylfarbe, Pinsel

Das Plakat oder Tuch wird unter einem Motto gemeinsam bemalt. Themen könnten sein: Übergänge, Regenbogen, Wandlung, Meine Gefühle/Hoffnungen, Jenseitsvorstellungen …

Trauerwand gestalten

Material: Ytongsteine, Papier, Stifte, Fingerfarbe, Reißbrettstifte, Gips, leere kleinere Eimer

Auf dem Papier können Gefühle und Gedanken formuliert werden. Die Zettel können mit Reißbrettstiften an der Trauerwand befestigt werden. Zugleich können die Steine mit Fingerfarbe bemalt werden. Mit Gips können zusätzlich Formen und Zeichen ausgestaltet werden, die bemalt werden können.

Trauerleine

Material: Wäscheleine, Wäscheklammern, Papier, Stifte und Farben, Zeitschriften, Kleber, Schere

An der Leine können Bilder oder Collagen, die die Jugendlichen in ihrer Trauer gestalten, aufgehängt werden. Die Leine sollte an einem für alle Schüler zugänglichen Ort befestigt werden. So haben alle die Möglichkeit, wann und wie sie möchten mitzugestalten.

Trauerspirale
Material: Steine ca. 4 cm Durchmesser, Farben, Pinsel, Rigipsplatte oder Spanplatte ca. 1,20 m x 1,00 m, Gips, Eimer, Wasser

Jeder bemalt oder beschriftet seinen eigenen Stein. Den Gips mit einer Farbe anrühren und damit die Platte dick bestreichen. Die Steine in Spiralform darin einbetten oder alternativ mit der Heißklebepistole befestigen.

Trauerschleifen
Material: breites helles Schleifenband, Eddingstifte in dunklen Farben, ein Korb, Kranz oder ein kleiner Baum

Jeder Schüler bemalt oder beschriftet ein Band für sich mit einem letzten Wunsch, Dank, einer Bitte, einer Erinnerung … Die Bänder werden dann entweder an einem Korb, der mit weiteren Symbolen und Erinnerungen gefüllt sein kann (jeder kann hier etwas Persönliches, z. B. ein laminiertes Foto, eine Eintrittskarte zur letzten Clubparty, etwas, was der Verstorbene gerne mochte, eine Blume, eine Muschel etc. hineinlegen) oder an einem selbstgeflochtenen Kranz oder einem kleinen Baum, dessen Topf bemalt werden kann, befestigt.

Herzen oder andere Motive aus Ton
Material (günstig ist der Ton, im Bau- oder Bastelmarkt zu bekommen, der nicht gebrannt werden muss und schnell trocknet): Plätzchenform, Acrylfarben, bunte kleine Steine, Glitzersteine, Federn, Pinsel, Brettchen, Kleber

Motive bearbeiten und nach Wunsch mit dem vorhandenen Material gestalten. Nach dem Trocknen können die Motive bemalt werden.

Friedhofskerzen gestalten
Material: weiße Friedhofskerzen, wasserfeste Eddingstifte in vielen Farben

Die Kerzen können individuell gestaltet und auf dem Friedhof oder an einem anderen Gedenkort aufgestellt werden.

Kerzen bemalen
Material: weiße dicke Kerzen, Acrylfarben in verschiedenen Farben, Pinsel

Die Kerzen können mit individuellen Motiven bemalt werden; eventuell an einen Impulstext anknüpfen.

Gläser mit Teelichtern gestalten
Material: leere Gläser, Acrylfarben, Pinsel, Glitzersteine, Kleber, Eddingstifte, Teelichter, Vogelsand

Die Gläser von innen bemalen und dann von außen mit Glitzersteinen und/oder Edding bemalen und/oder beschriften. Ein Teelicht einsetzen. Eventuell vorher etwas Vogelsand zur Stabilität hineinstreuen.

Steine bemalen
Material: Steine in verschiedenen Größen, Acrylfarbe, Pinsel, Eddingstifte, wetterfester Sprühlack

Die Steine können bemalt und beschriftet und als Grabschmuck oder an anderen Orten der Erinnerung niederlegt werden. Nach dem Trocknen mit Lack besprühen.

Handschmeichler
Material: kleinere Steine, Plakafarben, Pinsel

Jeder Jugendliche kann den Handschmeichler für sich gestalten und ihn als »Kraftstein« bei sich tragen. Der Stein kann auch als Grabbeilage gestaltet und mit bildlichen oder schriftlichen Botschaften an den Verstorbenen versehen werden.

Collage gestalten
Material: Zeitschriften, Schere, Papier, Kleber

Collagen bieten die Möglichkeit unterschiedliche Themen zu bearbeiten. Impulse: Wo ist Licht in meinem Leben? Was tut mir gut? Mein Leben ohne dich!

Naturmandala
Material sammeln wie: Tannenzapfen, Moos, Blüten, Blätter, Steine, Stöckchen, Kastanien, Eicheln, Nüsse, Äpfel, etc. je nach Jahreszeit, Reifen und Stöcke zur Begrenzung des Mandalas, helles Tuch als Unterlage – alternativ: kleines Papier-Mandala im Copy-Shop vergrößern und als Vorlage verwenden. Zusätzlich: Erbsen, rote Linsen, Reis, Muscheln

Flaschenpost (alternativ auch Papierschiffchen)
Material: leere kleine Flaschen, Sand, kleine Steine, bunte kleine Zettel, Kordel, alte Korken, Heißklebepistole, Messer

Auf die Zettel Botschaften oder einen Abschiedsgruß an den Verstorbenen schreiben. Mit der Kordel zusammenbinden und in die Flasche stecken. Sand und kleine Steine dazu geben. Den Korken mit dem Messer so zuschneiden, dass er die Flasche verschließen kann. Zusätzlich mit Kleber aus der Heißklebepistole verkleben und mit Kordel umwickeln.

Schachteln für Erinnerungen oder Andenken bemalen
Material: kleine Papp- oder Holzschachteln in verschiedenen Formen und Größen, Plakafarben, Glitzerpulver, Glitzersteine, Kleber

Die Jugendlichen können die Schachteln individuell gestalten und nutzen. In den Schachteln kann eine Erinnerung oder eine Nachricht an den Verstorbenen aufgehoben werden.

5.7 Trauerrituale und Trauerorte

Trauer braucht Ausdruck, Zeit, Erinnerungsorte und Gemeinschaft. Gerade deshalb sind Rituale in der Schule von großer Bedeutung. Sie unterstützen Jugendliche bei der Auseinandersetzung mit ihrer Trauer und zeigen ihnen sowie Angehörigen, dass ein Mensch nach seinem Tod nicht einfach vergessen wird.

Rituale

In unsicheren Zeiten geben Rituale durch die festgelegte Abfolge von symbolhaften Handlungen Halt und Orientierung. Sie bieten die Möglichkeit, das Erlebte zu verarbeiten und unterstützen dabei Unfassbares begreiflich zu machen. Durch das eigene Tun wirken sie Gefühlen von Ohnmacht und Hilflosigkeit entgegen. Sie beziehen den Menschen als Ganzen ein. Nonverbal können Gefühle ausgedrückt und kann der verbalen Unsagbarkeit des Geschehenen ein Ausdrucksraum gegeben werden. Zugleich können Rituale eine neue fortdauernde Bindung zum Verstorbenen, aber auch eine Verbundenheit mit der Gemeinschaft der Trauernden herstellen. So spenden sie Trost und bieten die Möglichkeit zum Austausch von Erinnerungen.

Rituale in der Schule

Rituale können das Gemeinschaftsgefühl in der Schule fördern. Zudem schaffen sie Möglichkeiten einer symbolischen Kommunikation unter den Jugendlichen. Hierdurch können Gefühle der Verbindung mit den Mitschülern und Lehrern, der Sicherheit und des Aufgehobenseins gestärkt werden. Immer wieder erlebe ich, dass Jugendliche ihrer Gruppe und ihrer Schule entsprechende individuelle Rituale finden.

Dauerhafte und einmalige Rituale

Es existieren einmalige Rituale, wie z. B. die Trauerfeier, und dauerhafte Rituale, wie z. B. wiederkehrende Gedenkfeiern zum Jahrestag, die vermitteln, dass der Gestorbene nicht vergessen ist. So bekommt der Verstorbene einen neuen Platz im Leben der Hinterbliebenen, dem auch durch andere äußere Orte (Grab, Unfallstelle, Gedenkfeiern im Hospiz) Raum für dauerhaft beständige sowie für rituelle Formen der Trauer gegeben werden kann. Für Trauernde können Rituale auch dann von Bedeutung sein, wenn das soziale Umfeld dem Verlust keine Beachtung mehr schenkt.

Offene Gestaltung von Ritualen

Rituale müssen immer auch kritisch hinterfragt werden. Sie sollen eine heilsame und tröstende Funktion haben und dürfen nicht als bedrohlich, verletzend oder diskriminierend empfunden werden. Außerdem müssen sie in ihrer Bedeutung verständlich sein. Hier kann ein kultureller oder geschlechterspezifischer Hintergrund eine Rolle spielen. Wichtig ist es, Rituale zu finden, die zu den Schülern und Lehrern einer Klasse/Stufe/Schule passen und die nicht einseitig religiös oder kulturell geprägt sind.

Symbolische Gegenstände

Symbolische Gegenstände werden in Rituale einbezogen. Ihnen wird eine symbolhafte Bedeutung zugeschrieben. Objekte oder Trauersymbole können z. B. sein: Regenbogen, Brücke, Schmetterling, Libelle, Baum, Muschel, Spirale, Schneckenhaus, Labyrinth, Weg, Boot, Kerze, Rose, Licht, Erde, Tür, Uhr, Samenkorn, Seil/Spirale, Freundeskreis, Zaun, Stein, Feder, Gegenstände, die mit dem Verstorbenen verbinden, …

Die gewählten Symbole sind für vielfältige und individuelle Deutungen offen. Sie können als Zeichen der Hoffnung sowie als Symbole einer neuen Bindung zum Verstorbenen verstanden werden. Das Leben geht weiter, aber wir müssen das Vergangene nicht vergessen, sondern können es in unser Leben integrieren.

Rituale unterstützen die Traueraufgaben in vielfältiger Weise

Rituale tragen dazu bei, den Verlust als Realität zu begreifen, dem Schmerz der Trauer Ausdruck zu verleihen, Trauer als einen langen

Prozess der Veränderung wahrzunehmen, sich an eine Welt ohne den Gestorbenen anzupassen und eine neue Verbindung zur gestorbenen Person zu finden.

Abschiedsrituale

Solche Rituale können z. B. eine Gedenkminute, Trauerfeier, Gedenkfeier oder Abschiedsfeier sein. Besonders wichtig sind diese, wenn es nicht möglich war die Trauerfeier oder Beerdigung zu besuchen. Möglicherweise waren gerade Ferien, die Feier fand an einem zu weit entfernten Ort statt oder die Angehörigen haben die Teilnahme nicht gewünscht. Ein bewusstes Abschiednehmen unterstützt die Traueraufgabe *die Realität des Verlusts zu akzeptieren* und kann Gelegenheit geben, versäumte Worte, Wünsche, Bitten um Vergebung, Verzeihung oder Dank symbolisch nachzuholen.

Rituale sollten sofort nach dem Tod, aber auch langfristig in den Schulalltag eingebunden werden.

Rituale direkt nach dem Tod können sein:

- Gestalten einer Todesanzeige
- Trauerfeier
- Gedenkminute
- Gedenkfeier
- Besuch am Unfallort, Zeichen der Anteilnahme am Unfallort
- Trauerwand/Trauertisch

Mitgestaltung der Trauerfeier

Können Schüler und Lehrer nach Absprache mit den Angehörigen die Trauerfeier mitgestalten, kann dies eine wichtige Hilfe im Trauerprozess sein. Die Traueraufgabe, *den Verlust als Realität akzeptieren,* wird durch den aktiv mitgestalteten Abschied bearbeitet. Dabei müssen die Wünsche der Angehörigen unbedingt erfragt und respektiert werden. Die Teilnahme an der Trauerfeier sowie die Beteiligung an Trauerritualen sollte den Schülern freigestellt sein. Fragen, die die Trauerfeier betreffen, sollten in der Gemeinschaft besprochen werden. Dies kann z. B. die Kleidung, die Mitnahme von Blumen, das Verhalten Angehörigen gegenüber, Beisammensein nach der Trauerfeier etc. betreffen.

Anteilnahme und Trauer lassen sich auf vielfältige Weise im Rahmen der Trauerfeier ausdrücken (Hinweise dazu in Kapitel 5.6).

- Aussuchen oder Schreiben eines Textes,
- Vorlesen des Textes,

- Formulierung von Fürbitten oder bei nicht religiösen Feiern Formulierung von Wünschen für den Verstorbenen, für die Hinterbliebenen und andere Anliegen,
- Wunschbaum für den Verstorbenen: An einem Ast oder kleinem Baum im Topf werden von den Jugendlichen gestaltete *Blätter* aus buntem Papier mit Wünschen für den Verstorbenen befestigt,
- Jeder Schüler kann, wenn er möchte, für den Verstorbenen ein Teelicht anzünden (schön sind Teelichter in bunten Farben – Symbol: Regenbogen …), welche in mehreren großen mit Vogelsand gefüllten Schalen vor einem Foto des Verstorbenen oder vor einem Symbol der Trauer aufgestellt werden,
- aktive musikalische Mitgestaltung der Feier,
- musikalische Mitgestaltung durch Lieblingsmusik des Verstorbenen oder ein Lied zum Thema Abschied,
- Bemalen des Sarges,
- Gestaltung der Dekoration in der Kirche oder dem Ort des Abschieds,
- Bemalen eines Tuchs, welches vor oder auf den Sarg gelegt werden kann,
- Kondolenzbuch für die Schulgemeinschaft auslegen,
- Kondolenzbuch/Erinnerungsbuch in der Klasse/im Kurs gestalten,
- Kerzen: mit Edding bemalte Friedhofskerzen oder mit Wachs gestaltete Kerzen, selbst gegossene Kerzen in bemalten Gläsern oder kleinen Blumentöpfen oder dicke weiße, mit Acrylfarbe bemalte Wachskerzen oder Teelichter im Glas (Hinweise in Kapitel 5.6),
- die musikalische Mitgestaltung oder das Einspielen eines Lieblingsliedes des Verstorbenen,
- ein großes gemeinsames Bild oder ein bemaltes Tuch (große Leinwand oder ein weißes Betttuch mit Finger oder Acrylfarben bemalen – zudem kann Material zur Verfügung gestellt werden, das dazu geklebt werden kann: Federn, Glitzersteine, kleine helle und dunkle Kieselsteine, Wolle, Stroh, Pfeifenreiniger in unterschiedlichen Farben …),
- gemeinsames Herz aus vielen kleinen in unterschiedlichen Farben gestalten Filzbällen (Hinweise zum Filzen finden sich im Internet): Die kleinen Bälle mit einem Draht verbinden und in Herzform bringen (möglich als Sargdekoration oder Grabbeigabe),
- eine *Luftballonaktion* (Ballons mit Helium – Internet, Baumarkt, spezielle Ballonshops – füllen, leichtes Papier, Locher, Stifte, Schnellverschlüsse für die Ballons – das sind Nylonbänder mit einem Ver-

schluss für den Ballon. Diese sind sehr schnell und leicht anzubringen). Hieran können die Zettel aus verschiedenen Motiven mit einem Wunsch, Dank oder anderen letzten Worten befestigt werden. Am Schönsten sieht es aus, wenn alle Ballons zusammen aufsteigen,
- gestaltete Steine (Hinweise in Kapitel 5.6): Steine mit Acrylfarben bemalen, trocknen lassen und mit wetterfestem Lack besprühen,
- Naturmandala (Hinweise in Kapitel 5.6): Aus Naturmaterialien (Blüten, Gräser, Steine, Linsen, Sand, Muscheln, Eicheln, je nach Jahreszeit) gemeinsam ein Mandala gestalten,
- Briefe schreiben,
- Gedichte oder Geschichten schreiben,
- Collage gestalten,
- Lebensgeschichte des Verstorbenen aufschreiben,
- Traueranzeige im Internet,
- Filmclip mit Fotos, Filmsequenzen und Interviews zum Verstorbenen,
- Windrad basteln: in der Mitte der Name des Verstorbenen und auf den Flügeln drum herum die Namen der Mitschüler und Lehrer,
- Musikstück schreiben und texten,
- Memento mori[4] gestalten.

Grabbeilagen können sein
- Steinherzen mit persönlichen Botschaften
- Selbstgestaltete Herzen mit versteckten Botschaften
- Briefe mit Botschaften
- Filzballherz

Weitere Ideen finden sich in den Kapiteln 5.5; 5.6 und 5.7.

Bleibende Erinnerungen an und Trauerorte für den Verstorbenen in der Schule sollten für alle gut zugänglich sein (vgl. Kapitel 5.6).
- Todesanzeige am Jahrestag

4 Memento mori: (bedenke, dass du sterben wirst – Ausdruck des Barock) die Vanitas/Vergänglichkeit, die dauerhafte Präsenz der Vergänglichkeit im Leben, kann durch ein Symbol, das Jugendliche für sich entdecken, ausgedrückt werden. Es kann durch kreative Gestaltung (malen, basteln, schreiben) oder einen Gegenstand aus der Natur oder dem Alltag, z. B. eine Uhr, einen Ausdruck finden. Einzelne individuelle Memento Mori können als Gesamtstücke zusammengefügt werden. Alternativ kann es auch ein Memento Mori der ganzen Stufe oder Klasse geben.

- Gedenktage und Erinnerungsarbeit
- Gemeinschaftliche Zeichen der Erinnerung:
- Erinnerungstafel
- Trauermauer/Trauerwand/Trauerzaun
- Skulptur erstellen (Stein, Holz …, mehrere Materialien)
- Patchworkbild aus vielen Gefühlsbildern zusammenfügen
- Baum zur Erinnerung pflanzen
- Musikstück gestalten, aufzeichnen und/oder vorspielen
- Gedenken in Schülerzeitung, Abizeitung
- Gedenken zu besonderen Anlässen (Schulkonzert, Schulfest, Schulabschlussfeier …)
- Gedenken in einem Gottesdienst
- Besuch am Grab, an der Unfallstelle
- Angehörige auch weiterhin zu besonderen schulischen Veranstaltungen einladen

Besondere Tage und Zeiten

Geburtstage, Todestage, der Tag des Unfalls, Weihnachten oder andere besondere Anlässe sind Tage, an denen der Tod des Menschen von Hinterbliebenen immer wieder als besonders schmerzhaft erlebt wird. Die Ereignisse oder die Sehnsucht nach dem Verstorbenen sind dann wieder sehr präsent.

Diese Tage sollten Lehrer wahrnehmen und signalisieren, dass sie auch weiterhin daran denken.

Praxisbeispiel: Die fünfzehnjährige Lena erzählt in der Trauergruppe, wie gut es ihr tut, dass ihre Klassenlehrerin an Tage, die besonders schwer für sie sind, denkt und sie darauf anspricht. So z. B. Muttertag oder Weihnachten.

Offen darüber zu sprechen, zeigt den Betroffenen, dass der Verstorbene und sie selbst in ihrer Situation nicht vergessen sind und führt auch nicht – wie vielfach vermutet – zu einer Retraumatisierung. Als hilfreich erwiesen hat sich das Anlegen eines »Trauerkalenders« indem die wichtigsten Daten Trauernder vermerkt werden.

Besondere Tage in der Schulgemeinschaft

Bestimmte Tage oder Zeiten sind auch für die Schulgemeinschaft von Bedeutung, wenn ein Mitschüler oder Lehrer gestorben ist. Das Sportfest, ein Schulkonzert, der Schulabschluss, eine Klassenfahrt oder der

Geburtstag des Verstorbenen können dann bedeutsam sein. Ist der Tag für die Klasse/Kursgemeinschaft von Bedeutung, kann er gemeinschaftlich begangen werden. Es ist möglich, das Thema in Form von Impulsfragen oder mit einem Besuch am Grab oder Unfallort, einer Gedenkfeier oder auch in einer Traueranzeige aufzugreifen. Jugendliche sollten mit überlegen und planen können, wie diese besonderen Tage oder Zeiten gestaltet werden sollen.

Impulsfragen für ein Gespräch oder eine kreative Auseinandersetzung könnten sein:

- Welche Spuren hat der Verstorbene in meinem Leben hinterlassen?
- Woran erinnere ich mich besonders?
- Was vermisse ich am meisten?
- Trauere ich (ohne Wertung – als Feststellung – nicht jeder trauert um einen Verstorbenen – unterschiedliche Bindungen) um den Verstorbenen und wenn ja, wie?
- Was hat mir bisher in der Trauer um den Verstorbenen geholfen? (bestimmte Menschen, Bücher, Musik, Internetseiten, Trauerbegleiter …)
- Was ist noch schwer für mich? Wer oder was könnte mir helfen, wenn ich Unterstützung brauche?
- Wie habe ich den Umgang in der Schulgemeinschaft in Zusammenhang mit dem Tod erlebt? (Sprechen über den Verstorbenen, über Ängste, Sorgen, Wünsche und Hoffnungen? Gemeinsame Rituale, Erinnerungen?)
- Hat der Tod von N.N. mein Leben, Denken und Handeln verändert?
- Welche Stärken konnte ich seit dem Tod von N.N. an mir wahrnehmen?
- Was wünsche ich mir für meine Zukunft?

5.8 Didaktisch-methodische Impulse, Literatur, Musik, Internethinweise und Kontaktstellen

Didaktisch-methodische Impulse sollen es erleichtern, mit Jugendlichen über den schweren Themenkomplex zu sprechen oder aktive Möglichkeiten der Gestaltung zu finden. Deshalb werden im Folgenden Bücher, Textimpulse, Medien wie Filme, Bilder, Fotos und Musikstücke, aber auch Internet- und Kontaktadressen vorgestellt.

Bildbetrachtungen

Gute Erfahrungen habe ich bei Jugendlichen mit abstrakten Bildern gemacht, da hier persönliche Interpretationen offen bleiben und keine religiösen oder kulturellen Deutungen vorgegeben, diese aber trotzdem möglich sind. Gerade wenn die Worte fehlen, tut es häufig gut ein Bild zu betrachten, dass das Geschehen in einer anderen Form aufgreift. Die ausgewählten Bilder[5] von Andreas Felger vermitteln zudem Hoffnung und Zuversicht.

- Andreas Felger: *Übergang*
- Andreas Felger: *Porta*
- Andreas Felger: *Licht*

Beispielhaft möchte ich folgende Bilder vorstellen, die eingesetzt werden könnten. Wenn Zeit zur Verfügung steht, lohnt es sich, selbst auch nach Motiven zu suchen, die zu den Jugendlichen und zur Situation passen.

- Gustav Klimt: *Tod und Leben*
- Paul Klee: *Tod und Feuer*
- Marc Chagall: *Das Leben* und *Der Tod*
- Friedrich Hundertwasser: *Spiralen*

Impulsfragen könnten sein:

- Welches Gefühl entsteht beim Anschauen des Bildes?
- Welche Gedanken tauchen beim Anschauen des Bildes auf?
- Kommen Erinnerungen an eigene Erfahrungen, wenn du das Bild anschaust?

Fotos und Postkarten

Auch Fotos können einen guten Impuls für eine Besinnung oder ein Gespräch zum Thema geben. Fotos aus der Natur, die den Wandel und die Veränderung verdeutlichen, können beispielsweise Motive sein.

Konkret können Fotos mit z. B. folgenden Motiven gewählt werden: Wüste, Pflanzen, Steinen, Spiralen, Uhr, Schlüssel, Brücken, Regenbogen, Wegen, Fußspuren, Schatten, Jahreszeiten, Licht, Sonnenuntergängen, etc. sowie viele andere Motive, die der Situation und den Jugendlichen entsprechend ausgewählt werden sollten.

Gesammelte Postkarten (von der Anzahl mehr als Schüler, damit eine Auswahlmöglichkeit besteht) mit Motiven wie oben beschrieben können in der Klasse ausgelegt werden und als Einstieg in ein Gespräch

5 Die hier genannten Bilder sind im Internet leicht auffindbar.

genutzt werden. Die Schüler können ihre *Assoziationskarte* z. B. unter der Fragestellung wählen: »Wie fühle ich mich heute?« oder »Was bedeutet dieser Tod für mich?« und anschließend eingeladen werden zu erzählen, warum sie diese Karte ausgesucht haben. Diese Methode kann auch gut einen Tag nach dem Geschehen, nach der Trauerfeier zur Reflexion oder an *Jahrestagen* eingesetzt werden.

Musik

In der Musik findet immer schon eine Auseinandersetzung mit Gedanken und Gefühlen statt, die im Zusammenhang mit Leid und Verlust stehen. Sehr eindrücklich schildert Louise Reddemann dies am Beispiel Bachs in ihrem Buch *Überlebenskunst.* Aber auch in der modernen Musik finden sich diese zentralen Themen. Musikstücke bieten die Möglichkeit mit Jugendlichen ins Gespräch zu kommen und eröffnen durch die verschiedenen Aspekte und Herangehensweisen der unterschiedlichen Interpreten zum Themenkomplex ganz vielfältige Wege. Themen, die sich in Songtexten finden sind z. B.: das Leben nach dem Tod, der Tod betrifft uns alle ohne Ausnahme, eine lebensverkürzende Diagnose, verpasste Gelegenheiten und der Wunsch sich noch einmal zu bedanken, die Angst nach dem Tod vergessen zu werden, die Schwierigkeit, sich als Trauernder in der Welt ohne den Verstorbenen zurechtzufinden, Ohnmacht und Hilflosigkeit …

Musik wird gerade unter Jugendlichen als verbindendes Element erlebt. Die ausgewählten Musikstücke und Songtexte drücken die starken und widersprüchlichen Gefühle der Trauer aus und ermöglichen so ein Gespräch unter und mit den Jugendlichen. Musik kann aber nicht nur die Auseinandersetzung mit dem Themenbereich Sterben, Tod und Trauer anstoßen. Sie kann ebenso dazu beitragen Entspannung und Abstand zu finden, um wieder Kräfte zu sammeln. In der Neurobiologie konnte nachgewiesen werden, dass das Hören von angenehm empfundener Musik, das Singen oder Musizieren im Gehirn zur Ausschüttung von Oxytocin, einem Antistresshormon, führt.

Musikstücke für Jugendliche

Die meisten Stücke lassen sich kostengünstig als mp3 herunterladen, die Texte zu den Stücken finden sich ebenfalls im Internet. Hörbeispiele zu Musikstücken, die sich mit dem Themenbereich Trauer beschäftigen, sind zu finden unter: www.gute-trauer.de/inhalt/trauermusik

Aretha Franklin	*Unforgettable*
Avril Lavigne	*When you're gone*

Bela B	*Letzter Tag*
Celine Dion	*Goodbye's*
Die Puhdys	*So nah am Leben*
Die Toten Hosen	*Am Ende*
Die Toten Hosen	*Alles ist eins*
Die Toten Hosen	*Nur zu Besuch*
Doreen	*Der Brief (den ich nie schrieb)*
Enya	*A day without rain*
Enya	*Only time*
Eric Clapton	*Tears in heaven*
Eva Cassidy	*I know you by heart*
Eva Cassidy	*Somewhere over the rainbow*
Gila Antara	*On my way*
Gila Antara	*Spirit of the wind*
Gila Antara	*The river is flowing*
Glashaus	*Halte die Welt an*
Herbert Grönemeyer	*Der Weg*
Herbert Grönemeyer	*Mensch*
Herbert Grönemeyer	*Land unter*
Herbert Grönemeyer	*Stück vom Himmel*
Hermann van Veen	*Ich tanze mit dem Tod*
Ich & Ich	*Wenn ich tot bin*
Kamakawiwo'ole	*Over the rainbow*
Leona Lewis	*Footprints in the sand*
Loreena McKennit	*Seeds of Love*
Mercedes Sosa	*Garcias a la vida*
Michael Jackson	*Gone too soon*
Nathalie Cole	*Unforgettable*
Paul Anka	*My way*
Phil Collins	*Since I lost you*
Pur	*In Gedanken*
Pur	*Noch ein Leben (Suizid eines Freundes)*
Reinhard Mey	*Schade, dass du gehen musst*
Reinhard Mey	*Wie ein Baum, den man fällt*
Reinhard Mey	*Allein*
Reinhard Mey	*Nein, ich lass Dich nicht allein*
Robert Long	*Jos (Suizid eines Schülers)*
Roger Cicero	*Ich hätt' so gern noch Tschüss gesagt*
Rosenstolz	*Gib mir Sonne*
Sarah Brightman	*Time to say goodbye*

Silbermond	*Kartenhaus*
Söhne Mannheims	*Und wenn ein Lied*
Trude Herr	*Niemals geht man so ganz*
Udo Lindenberg	*Stark wie zwei*
Unheilig	*An deiner Seite*
Whitney Houston	*I will always love you*
Xavier Naidoo	*Abschied nehmen*

Entspannungsmusik

David Lanz	*Return to the heart*
David Lanz	*Painting the sun*
Gila Antamara	*Fly like an Eagle*
Ludovico Einaudi	*Divenire*
Ludovico Einaudi	*Echoes*
Ludovico Einaudi	*Una mattina*
Matthias Schlubeck/ Andreas Meisner	*Meditationsmusik, Meditation Music with Panflute and Organ*

Fachliteratur/Unterrichtsmaterialien/verwendete Literatur

Böke, Hubert/Knudsen-Böke, Lena/Müller, Monika: Trauer ist ein langer Weg. Düsseldorf 2000

Bowlby, John: Bindung als sichere Basis: Grundlagen und Anwendung der Bindungstheorie. München 2008

Bowlby, John: Frühe Bindung und kindliche Entwicklung München 2005

Ev.-Luth. Kirche/Kath. Schulkommissariat Bayern (Hg.): »Wenn der Notfall eintritt«. Handbuch für den Umgang mit Tod und anderen Krisen in der Schule. 2010

Figdor, Helmut: Kinder aus geschiedenen Ehen: Zwischen Trauma und Hoffnung. Wie Kinder und Eltern die Trennung erleben. Gießen 2004

Fleck-Bohaumilitzky, Christine/Fleck, Christian: Wenn Kinder vor ihren Eltern sterben. Stuttgart 2008

Fleck-Bohaumilitzky, Christine: Wenn Kinder trauern. München 2003

Günther, Matthias: Seelsorge mit jungen Menschen. Göttingen 2009

Häcker, Joachim: Notfallbegleitung für Muslime und mit Muslimen. Gütersloh 2011

Holzschuh, Wolfgang: Geschwistertrauer. Erfahrungen und Hilfen aus verschiedenen Praxisfeldern. Regensburg 2000

Jennessen, Sven: Manchmal muss ich an den Tod denken … Wege der Enttabuisierung von Sterben, Tod und Trauer in der Grundschule. Baltmannsweiler 2007

Jennessen, Sven: Schule, Tod und Rituale. Systemische Perspektiven im sonderpädagogischen Umgang mit Sterben, Tod und Trauer. Oldenburg 2006

Kachler, Roland: Hypnosystemische Trauerbegleitung. Ein Leitfaden für die Praxis. Heidelberg 2010

Kachler, Roland: Meine Trauer wird dich finden – Ein neuer Ansatz in der Trauerarbeit. Stuttgart 2005

Karutz, Harald: Notfälle in Schulen: Prävention, Intervention und Nachsorge. Edewecht 2008

Kast, Verena: Trauern. Phasen und Chancen des psychischen Prozesses. Stuttgart 2008

Klosinski, Gunter: Pubertät heute. Lebenssituationen – Konflikte – Herausforderungen. München 2004

Knöll, Gabriele (Hg.): Du bist tot – Ich lebe. Trauernde Geschwister. Norderstedt 2003

Kowalski, Beate: Er wischt die Tränen ab von jedem Gesicht. Predigten und pastorale Hilfen für Begräbnisfeiern. Stuttgart 2011

Lammer, Kerstin: Trauer verstehen – Formen – Erklärungen – Hilfen. Neukirchen 2004

Leyendecker, Christoph/Lammers, Alexandra: »Lass mich einen Schritt tun«. Lebensbeistand und Sterbebegleitung lebensbedrohlich erkrankter Kinder. Stuttgart 2001

Luchterhand, Charlene/Murphy, Nancy: Wenn Menschen mit geistiger Behinderung trauern. Vorschläge zur Unterstützung. Weinheim/München 2007

Müller, Monika/Schnegg, Matthias: Der Weg der Trauer. Hilfen bei Verlust und Tod. Freiburg 2005

Neimeyer, Robert A./Harris, Darcy L./Winokuer, Howard R./Thornton, Gordon F.: Grief and bereavement in Contemporary Societ., Bridging Research and Practice. New York 2011

Oerter, Rolf/Montanda, Leo (Hg.): Entwicklungspsychologie. Weinheim/Basel 2008

Paul, Chris: Neue Wege in der Trauer- und Sterbebegleitung. Gütersloh 2010

Paul, Chris: Schuld – Macht – Sinn. Arbeitsbuch für die Begleitung von Schuldfragen im Trauerprozess. Ein Buch für Betroffene und Begleiter. Gütersloh 2010

Plieth, Martina: Kind und Tod. Zum Umgang mit kindlichen Schreckensvorstellungen und Hoffnungsbildern. Neukirchen 2001

Rechenberg-Winter, Petra/Fischinger, Esther: Kursbuch systemische Trauerbegleitung. Göttingen 2010

Rogers, Carl: Therapeut und Klient. Grundlagen der Gesprächspsychotherapie. Frankfurt 1994

Schroeter-Rupieper, Mechthild: Für immer anders. Das Handbuch für Familien in Zeiten der Trauer und des Abschieds. Ostfildern 2009

Schwikart, Georg: Die Trauerfeier – Ein Ratgeber zu Ablauf, Gestaltungsmöglichkeiten, Textauswahl. Gütersloh 2005

Schwikart, Georg: Niemand geht ohne Spuren. Mit dem Tod leben. Herder Verlag, Freiburg 2000

Specht-Tomann, Monika/Tropper, Doris: Zeit zu trauern. Kinder und Erwachsene verstehen und begleiten. Düsseldorf 2012

Stroebe, Margeret S./Schut, Henk: The Dual Process Model of coping with bereavement, Rationale and Description, Death Studies, 1999, 23, S. 197–224

Student, Christoph: Im Himmel welken keine Blumen – Kinder begegnen dem Tod. Freiburg 2000
Stülpnagel, Freya v.: Ohne dich. Hilfe für Tage, an denen die Trauer besonders schmerzt. München 2009
Weggemans, Minke: Geschwistertod. Leben mit einem schweren Verlust. München 2010
Witt-Loers, Stephanie: Kindertrauergruppen leiten. Ein Handbuch. (mit Material CD – kreative Gestaltmöglichkeiten und Impulstexte) Gütersloh 2013
Witt-Loers, Stephanie: »Zum Tod eines Kindes. Zum Tod eines Jugendlichen durch Suizid – Reflexionen«. in: Kowalski, Beate. Er wischt die Tränen ab von jedem Gesicht. Predigten und pastorale Hilfen für Begräbnisfeiern. Stuttgart 2011
Witt-Loers, Stephanie: Kinder sind Angehörige. Vortragsmanuskript im Rahmen des Kongresses der deutschen Gesellschaft für Palliativmedizin. Berlin 2012
Witt-Loers, Stephanie: Schulprojekte zum Umgang mit Tod und Trauer. In: Leidfaden: Fachzeitschrift für Krisen, Leid, Trauer, 4/2012. Göttingen 2012
Witt-Loers, Stephanie: Sterben, Tod und Trauer in der Schule. Eine Orientierungshilfe. Göttingen 2009
Witt-Loers, Stephanie: Trauernde begleiten. Eine Orientierungshilfe. Göttingen 2010
Worden, William J.: Beratung und Therapie in Trauerfällen. Bern 2010
Znoj, Hans-Jörg: Komplizierte Trauer. Fortschritte der Psychotherapie. Göttingen 2004

Broschüren

Bundesverband Verwaiste Eltern in Deutschland e. V.: Tod eines Kindes – Hilfe im Notfall für Rettungsdienste, Krisenintervention, Notfallseelsorge, Klinikpersonal, Polizei, Pädagogen, Bestatter. Leipzig 2011
Naegeli, Sabine: Mut zur Trauer – Gedanken zum Verlust eines Menschen. Nidderau 2003
Paul, Chris: Trauer nach Suizid bei Kindern und Jugendlichen. AGUS e. V. Bayreuth 2009
Schauerte, Sandra: Den letzten Weg gemeinsam gehen. Hilfe zur Sterbebegleitung. Krebsgesellschaft Nordrhein- Westfalen e. V. Düsseldorf 2007
Senf, Bianca/Rank, Monika: Mit Kindern über Krebs sprechen. Ein Ratgeber für Eltern, die an Krebs erkrankt sind. Hilfe für Kinder krebskranker Eltern e. V. Frankfurt 2009
Tausch, Daniela/Bickel, Lis: Die letzten Wochen und Tage. Eine Hilfe zur Begleitung in der Zeit des Sterbens. Krebsverband Baden-Württemberg e. V. Stuttgart 2010
Tausch, Daniela/Bickel, Lis: Die Zeit der Trauer. Eine Hilfe für Trauernde und Begleitende. Krebsverband Baden-Württemberg e. V. Stuttgart 2008
Wiemann, Claudia/Pfeifer, Renate: Wenn ein Schüler Krebs hat. Ein Leitfaden für Lehrer. Deutsche Leukämie-Forschungshilfe. Aktion für krebskranke Kinder e. V. Deutsche Krebsstiftung. Bonn 2012 (Broschüre auf www.kinderkrebsstiftung.de)

Zimmermann, Anita/Trabert, Gerhard: Mir sagt ja doch (K)einer was! Informationsbroschüre für Kinder zum Thema Krebserkrankung. Flüsterpost e. V. Mainz 2010

Unterrichtsmaterial

Amuat, Renate: Last Minute – Der Tod macht auch vor der Schule nicht halt. Zürich 2005

Boenke, Michael: SinnVollSinn – Religion und Kirche: zwischen persönlicher Religiosität und kirchlichem Glauben. Religion an Berufsschulen. Materialien für die Fachklassen des Dualen Systems und die entsprechenden Bildungsgänge. München 2005

Brumann, Uta/Knoff, Hans- Joachim/Stascheit, Wilfried: Projekt Tod. Materialien und Projektideen. Mülheim a. d. Ruhr, 2006

Choltitz, Dorothea von: Leben mit dem Tod. Materialien für den Unterricht. Stuttgart 2008

Herrmann, Hans-Jürgen/Hienstorfer, Christa: Dem Tod begegnen – leben lernen. Thema Religion. Persen Verlag, Horneburg 2005

Hienstorfer, Christa/Rösemeier, Sabine: Praxis Impulse – Tod und Trauer bewältigen. Mit Kopiervorlagen. Braunschweig 2004

Krisenkompass: Ausgabe Deutschland. Handbuch für Lehrkräfte und Schulleitungen zum Umgang mit schweren Krisen im Kontext Schule. Prävention und Intervention. Buchs 2010

Krol, Dagmar: AMOK. Pädagogisch handeln nach schulischen Notfällen. Göttingen 2008 (E-Book)

Krol, Dagmar: Pädagogisch handeln bei Angst, Trauer, Zorn. Eine Schule im Schatten von Entführung und Mord. Göttingen 2008 (E-Book)

Mödritzer, Helmut: Sterben – Tod – Auferstehung. Eine Lernstraße für den Religionsunterricht im 9./10. Schuljahr. Anregungen und Kopiervorlagen. Stuttgart 2004

Neuschäfer, Reiner Andreas: Alles aus!? Kopiervorlagen zum Thema Trauer, Trost und Hoffnung – Sekundarstufe I. Göttingen 2007

Reinert, Andreas: Entwurf. Konzepte, Ideen und Materialien für den Religionsunterricht in allen Schulstufen. Seelze 2010

Reuter, Stephanie: Sterben, Tod, Trauer – 30 Arbeitsblätter mit didaktisch-methodischen Kommentaren. Sekundarstufe I. Stuttgart 1995

Schumann, Daniel: Purpur – Braun – Grau – Weiß – Schwarz. Fotodokumentation: Leben im Sterben. Portraits älterer Menschen in Krankheit und Tod. Bielefeld/Leipzig 2009

Schwikart, Georg: Der Tod ist ein Teil des Lebens. Patmos Verlag, Düsseldorf 2004

Schwikart, Georg: Die 100 wichtigsten Fragen zu Tod und Trauer. Gütersloh 2007

Schwikart, Georg: Tod und Trauer in den Weltreligionen. Kevelaer 2010

Voss-Eiser, Mechthild: Noch einmal sprechen von der Wärme des Lebens – Texte aus der Erfahrung von Trauernden. Freiburg 1997

Witt-Loers, Stephanie/Halbe, Birgit: Kindertrauergruppen leiten. Ein Handbuch. (mit Material CD – kreative Gestaltmöglichkeiten und Impulstexte) Gütersloh 2013

Impulstexte

Adams, Stefan: Fantasiereisen für Jugendliche. Norderstedt 2007

Bahnert, Beate: Nichts kann ein Blatt aufhalten, das leise vom Baum fällt. Wege in der Trauer. München 2010

Bauer, Angenine: Von Trennung, Tod und Trauer. Märchen aus verschiedenen Volksgruppen. Gütersloh 2002

Felder, Gerd (Hg.): Leben bis zuletzt. Schüler-Texte über Sterben und Tod., Dülmen 2011

Jacob, Angelika/Seidel, Uwe: Das kleine Buch zum Trost. Düsseldorf 2007

Peters, Claudia (Hg.): Im Dunkel glüht der Funke Hoffnung. Eschbach 2010

Witt-Loers, Stephanie/Halbe, Birgit: Kindertrauergruppen leiten. Ein Handbuch. (mit Material CD – kreative Gestaltmöglichkeiten und Impulstexte) Gütersloh 2013

Wolfelt, Alan D.: Lichtblicke in Zeiten der Trauer – 100 praktische Anregungen. Stuttgart 2004

Bücher zum Thema Suizid

Hüsch, Mechthild/Hüsch, Heinrich: »Da spricht man nicht drüber«. Wie Jakob den Suizid seines Vaters erlebt. Deiningen 2009.

Juen, Barbara/Werth, Manuela/Wieser, Michael: Dann geh' ich zu Mama ins Bett. Wien 2007

Käsler, Helga/Nikodem, Brigitte: Bitte hört, was ich nicht sage. Signale von Kindern und Jugendlichen verstehen, die nicht mehr leben wollen. München 2000

Klosinski, Gunther: Wenn Kinder Hand an sich legen. Selbstzerstörerisches Verhalten bei Kindern und Jugendlichen. München 1999

Lang, Bianca: Leben ohne Dich. Wenn geliebte Menschen in den Tod gehen. Sechs Betroffene erzählen von der Trauer und dem Weiterleben nach dem Suizid von Vater, Mutter, Schwester, Ehemann. Berlin 2006.

Otzelberger, Manfred: Suizid – Das Trauma der Hinterbliebenen. München 2002.

Paul, Chris: Schuld – Macht – Sinn. Arbeitsbuch für die Begleitung von Schuldfragen im Trauerprozess. Ein Buch für Betroffene und Begleiter. Gütersloh 2010

Paul, Chris: Warum hast du uns das angetan? Begleitbuch für Trauernde, wenn sich jemand das Leben genommen hat. Gütersloh 2006.

Schröm, Stephanie: Suizid u. Suizidversuch bei Kindern und Jugendlichen. Prävention in der Schule. München 2011

Stülpnagel, Freya von: Ohne dich. Hilfe für Tage, an denen die Trauer besonders schmerzt. München 2009

Thomas, Johannes: Im Schatten Deines Todes. Wege durch die Trauer nach einem Suizid. Gütersloh 2004

Broschüren

Nooan, Douglas/Weisshaupt, Jörg: Den Kindern helfen. Wie Sie Kinder nach einem Suizid unterstützen können. Broschüre. Zürich 2005

Paul, Chris: Trauer nach Suizid bei Kindern und Jugendlichen. Agus Schriftreihe: Hilfe in der Trauer nach Suizid. Zu beziehen unter: agus-selbsthilfe@t-online.de

Trauerland/Zentrum für trauernde Kinder und Jugendliche (Hg.): Wenn sich jemand selbst getötet hat. Arbeitsheft für Kinder. Bremen 2007

Bücher zum Thema Trauma

Eckardt, Jo: Kinder und Trauma. Was Kinder brauchen, die einen Unfall, eine Katastrophe, Trennung, Missbrauch oder Mobbing erlebt haben. Göttingen 2005

Fischer, Gottfried: »Wenn Trauer einfriert« in: Leidfaden, Fachmagazin für Krisen, Leid, Trauer, 2/2012. Göttingen 2012

Fischer, Gottfried: Lehrbuch der Psychotraumatologie. München 2010

Fischer, Gottfried: Neue Wege aus dem Trauma. Erste Hilfe bei schwerer seelischen Belastungen. Ostfildern 2006

Krüger, Andreas: Akute psychische Traumatisierung bei Kindern und Jugendlichen: Ein Manual zur ambulanten Versorgung. 2008

Krüsmann, Marlon/Müller-Cyran, Andreas: Trauma und frühe Interventionen, Möglichkeiten und Grenzen von Krisenintervention und Notfallpsychologie. Stuttgart 2006

Reddemann Luise/Dehner-Rau, Cornelia: Trauma: Folgen erkennen, überwinden und an ihnen wachsen. Stuttgart 2007

Streeck-Fischer, Annette: Trauma und Entwicklung: Frühe Traumatisierungen und ihre Folgen in der Adoleszenz. Stuttgart 2006

Trickey, David: »Kinder und Jugendliche unterstützen« in: Paul, Chris: Neue Wege in der Trauer- und Sterbebegleitung. Gütersloh 2011

Zobel, Martin: Traumatherapie – Eine Einführung. Mit Beiträgen von Luise Reddemann, Oliver Schubbe u.a. Bonn 2006

Bücher zum Thema Amok

Hoffmann, Jens/Wondrak, Isabel (Hg.): Amok und zielgerichtete Gewalt an Schulen. Früherkennung/Risikomanagement/Kriseneinsatz/Nachbetreuung. Frankfurt 2007

Langman, Peter: Amok im Kopf: Warum Schüler töten. Weinheim 2009

Robertz, Frank J./Wickenhäuser, Ruben: Der Riss in der Tafel. Amoklauf und schwere Gewalt in der Schule. Heidelberg 2010

Jugendbücher

Eine detaillierte Liste (**inkl. kurzer Inhaltsangabe**) mit Jugendbüchern zum Thema finden Sie unter http://www.v-r.de/de/title-1-1/trauernde_jugendliche_in_der_schule-1008370/

Ab 12 Jahren

Beer, Judith de: Yaschas Vater. Düsseldorf 2004
Boje, Kirsten: Mit Kindern redet ja keiner. Hamburg 1990
Brandes, Sophie: Ein Baum für Mama. München 1996
Donnelly, Elfie: Servus Opa, sagte ich leise. Hamburg 1999
Eide, Torill: Maries Geheimnis. Mödling 1997
Ende, Michael: Ophelias Schattentheater. Stuttgart 2008
Fessel, Karen-Susan: Ein Stern namens Mama. Hamburg 2010
Feth, Monika: Und was ist mit mir? Frankfurt 2003
Härtling, Peter: Jakob hinter der blauen Tür. Weinheim/Basel 2002
Härtling, Peter: Oma. Weinheim/Basel 1991
Kelleher,Victor: Als Laura nicht mehr bei uns war. Frankfurt 1995
Lambcke, Marjaleena: Als die Steine noch Vögel waren. München/Wien 1998
Mayfield, Sue: Wenn die Möwe wieder fliegt. München 1998
Mueller, Dagmar H.: Die Hälfte des Himmels gehört Bo. Stuttgart/Wien 2006
Nicholls, Sally: Wie man unsterblich wird. Jede Minute zählt. München/Wien 2008
Pohl, Peter/Gieth, Kinna: Du fehlst mir, du fehlst mir! München 2006
Rosenlow, Harald: Einschnitte. Bindlach 1997
Saint Exupéry, Antoine de: Der Kleine Prinz. Düsseldorf 2008
Schins, Marie Therese: Und wenn ich falle. München 2001
Schlieper, Birgit/Stahl, Nina: Manchmal möchte ich mich totlachen. Mannheim 2010
Schwikart, Georg: Der Tod ist ein Teil des Lebens. Düsseldorf 2003
Thydell, Johanna: An der Decke leuchten die Sterne. Hamburg 2005
Zeevaert, Sigrid: Max, mein Bruder. Würzburg 2004
Zöller, Elisabeth: Auf Wiedersehen, Mama. Stuttgart 2002

Ab 14 Jahren

Beauvoir, Simone de: Ein sanfter Tod. Hamburg 1968
Boetius, Henning: Tod in Weimar. Gifkendorf 2003
Broeckhoven, Diane: Ein Tag mit Herrn Jules. Hamburg 2006
Broeckhoven, Diane: Eine Reise mit Alice. München 2007
Claudel, Philippe: An meine Tochter. Hamburg 2006
Claudel, Philippe: Flore. Obernburg am Main 2007
Cranen, Jennifer/Eichborn, Vito von: Ich will nicht, dass ihr weint. Das Krebstagebuch der 16-jährigen Jenni. Norderstedt 2006
Devita-Raeburn, Elizabeth: Das leere Zimmer. Weiterleben nach dem Verlust eines Bruders oder einer Schwester. München 2005
Feth, Monika: Fee – Schwestern bleiben wir immer. Bielefeld 2002
Forster, Margaret: Miranda. Zürich/Hamburg 2007
Fynn: Hallo, Mister Gott, hier spricht Anna. Frankfurt/M. 2000
Gaarder, Jostein: Das Orangenmädchen. München 2007
Mankell, Henning: Der Chronist der Winde. München 2002
Mohr, Mavi: Stationswechsel. Eine Leukämiepatientin wird Ärztin. Stuttgart 2004

Pachl-Eberhart, Barbara: Vier minus drei. Wie ich nach dem Verlust der Familie zu einem neuen Leben fand. München 2011
Richter, Jutta: Hechtsommer. München 2006
Rosenblatt, Roger: An jedem neuen Morgen. Eine Familiengeschichte. Berlin 2011
Rostain, Michel: Als ich meine Eltern verließ. München 2012
Schlingensief, Christoph: So schön wie hier kann's im Himmel gar nicht sein! München 2009
Schmidt, Kathrin: Du stirbst nicht. München 2011
Steinsdóttir, Kerstin: Eigene Wege. München 2009
Terzani, Tiziano: Das Ende ist mein Anfang. Ein Vater, ein Sohn und die große Reise des Lebens. München 2008
Terzani, Tiziano: Noch eine Runde auf dem Karussell. Vom Leben und Sterben. Hamburg 2005
van Dijk, Lutz: Leben bis zuletzt. Geschichten von Freundschaft, Liebe und Tod. Düsseldorf 2007
van Erkel, Gerda/Pressler, Mirjam: Der salzige Kuss. Hamburg 2008
Zusak, Markus: Die Bücherdiebin. München 2008

Sach- und Spielfilme zum Themenbereich

Filme können über Medienzentralen ausgeliehen werden:
www.medienzentralen.de
Eine detaillierte Liste (inkl. kurzer Inhaltsangabe) mit Filmen zum Thema finden Sie unter http://www.v-r.de/de/title-1-1/trauernde_jugendliche_in_der_schule-1008370/

Spielfilme

In der Nacht/Dans la nuit. BRD/Frankreich 1995. *Ab 8 Jahren*
Das Zimmer meines Sohnes. Frankreich/Italien 2001. *Ab 12 Jahren*
Schmetterling und Taucherglocke. BRD 2008. *Ab 14 Jahren*
Das Meer in mir. Spanien 2004.*Ab 14 Jahren*
An ihrer Seite. Kanada 2006. *Ab 14 Jahren*
Mein Leben ohne mich. Spanien/Kanada 2003. *Ab 14 Jahren*
Das Beste kommt zum Schluss. USA 2007. *Ab 14 Jahren*
Jenseits der Stille. BRD 1996. *Ab 14 Jahren*
Papierflieger. Norwegen 1995.*Ab 6 Jahren*
Anja, Bine und der Totengräber. BRD 2008. *Ab 8 Jahren*
Bella Martha. Es gibt kein Rezept für die Liebe. Aber jede Menge Zutaten. BRD 2001. *Ab 6 Jahren*
Frühling, Sommer, Herbst, Winter … und Frühling. Korea 2004. *Ab 12 Jahren*
Dialog mit meinem Gärtner. Frankreich 2004
Da unten (Under There). USA 2006.*Ab 8 Jahren*
Kannst du pfeifen, Johanna? Schweden 1995. *Ab 6 Jahren*
Kirschblüten Hanami, BRD 2009. *Ab 14 Jahren*
Fragile. BRD 2003.*Ab 14 Jahren*
Nokan, die Kunst des Ausklangs. Japan 2008. *Ab 14 Jahren*

Sach-/Dokumentarfilme
»Noch leb ich ja« – Ein Aids- Kranker erzählt. BRD 1986. *Ab 10 Jahren*
Gramp – ein Mann altert und stirbt. BRD 1988. *Ab 16 Jahren*
Das Kinderhospiz. BRD 2003. *Ab 14 Jahren*
Leben. BRD 1999. *Ab 14 Jahren*
Sterben erleben. BRD 1997. *Ab 12 Jahren*
Du fehlst. BRD 2005. *Ab 16 Jahren*
Tod und Begleitung. BRD 2004. *Ab 14 Jahren*
Ich will auch leben – Meikes Kampf gegen den Krebs. BRD 2005. *Ab 12 Jahren*
Leben bis zuletzt. BRD 2005.*Ab 14 Jahren*
Sterben. BRD 2004.*Ab 16 Jahren*
Schattenrisse. BRD 1989. *Ab 16 Jahren*
Mitten im Leben – Tod und Trauer. BRD 2000. *Ab 14 Jahren*
Leben und Lachen, Sterben und Trauern. Kinderhospiz Balthasar. BRD 2004
Ungeküsst zurück. BRD 2010
Wenn das Leben geht. BRD 2000. Ab *10 Jahren*
Die letzte Reise. BRD 2007. *Ab 16 Jahren*
Mama ist tot – Wie Kinder trauern. BRD 1995. *Ab 12 Jahren*
Lebenshungrig und todesmutig – Menschen auf der Palliativstation. BRD 2004. *Ab 14 Jahren*
Er sollte sterben, doch Tim lebt – Eine Abtreibung und ihre Folgen. BRD 2005. *Ab 14 Jahren*
(Mit-) Menschen fühlen – Der Amoklauf von Winnenden. BRD 2011. *Ab 14 Jahren*
Lasst mich doch sterben! BRD 1980. *Ab 14 Jahren*
Filzpantoffeln und Bonbons. Norwegen 1994. *Ab 6 Jahren*
Die Wette. Norwegen 1998. *Ab 6 Jahren*

Filme und Begleitbuch für Pädagogen: »Im Alter stirbt doch keiner«
Sehr umfangreiches und empfehlenswertes Material, 2 Filme sowie ein Begleitbuch für Pädagogenschulungen, zu bestellen unter: www.Lilo-Filmverlag.de

Internetadressen

Fortbildungsmöglichkeiten für Pädagogen
www.dellanima.de (Trauerbegleitung für Kinder, Jugendliche, Erwachsene, Fortbildungen, Vorträge)
www.tabea.de
www.trauerinstitut.de
www.schulische-krisenintervention.de

Für Jugendliche
www.dellanima.de (Trauerbegleitung für Kinder, Jugendliche, Erwachsene, Fortbildungen, Vorträge)
www.allesistanders.de (Chatroom für trauernde Jugendliche)
www.betanet.de
www.doch-etwas-bleibt.de (Chatroom für trauernde Jugendliche)

www.klartext-trauer.de (Chatroom für trauernde Jugendliche)
www.kummernetz.de
www.notfallseelsorge.de
www.onko-kids.de (Seite mit Chatroom für krebskranke Kinder und Jugendliche)
www.u25-freiburg.de (Seite für suizidgefährdete Kinder und Jugendliche)
www.youth-life-line.de
www.kinder.trauer.org (in der Region Koblenz)
www.kinderkrebsstiftung.de

Für Eltern und Lehrer
www.dellanima.de (Trauerbegleitung für Kinder, Jugendliche, Erwachsene, Fortbildungen, Vorträge)
www.agus-selbsthilfe.de (Wichtige Adresse bei Suizid)
www.ak-leben.de (Hilfe bei Lebenskrisen und Selbsttötungsgefahr)
www.bestatter.de (Informationen zum Thema Bestattungen und Trauer)
www.veid.de (Verwaiste Eltern in Deutschland e. V.: weitere Links findet man dort)
www.Sternschnuppenkinder.de (Für Eltern, deren Kinder an Leukämie oder an einem Tumor gestorben sind)
www.leben-ohne-dich.de (Forum für verwaiste Eltern)
www.unsere-sternschnuppen.de (Für Eltern, die ihr Kind durch Frühtod verloren haben)
www.deutscher-kinderhospizverein.de
www.muschel.net (Für Eltern, die ihr Baby durch Fehlgeburt, Totgeburt, Frühgeburt oder Schwangerschaftsabbruch verloren haben)
www.merlinos.de (Beratung und Begleitung von Kindern, Jugendlichen und Bezugspersonen in Lebens- und Trauerkrisen)
www.hilfe-fuer-kinder-krebskranker.de (Forum für Eltern krebskranker Kinder)
www.verwitwet.de (Für verwitwete Frauen und Männer und deren Kindern)
www.nicolaidis-stiftung.de (Stiftung, die sich um jung verwitwete Mütter und Väter und deren Kinder kümmert)
www.Psychiatrie.de (Forum und Information zu Psychiatrie, Krankheitsverläufen, Hilfsmöglichkeiten)
www.edyoucare.net (internationale Fachstelle für Gewaltprävention, Krisenintervention/-management, Trauerbegleitung/-beratung, Ausbildung und Betreuung für Schulen)
www.kinderkrebsstiftung.de
http://schulpastoral.drs.de/pastoralepraxis/krisenseelsorge.htm (Links zum Umgang mit Tod und Trauer/Krisenseelsorge in der Schule
www.schulpsychologie.de (führt zu regionalen Ansprechpartnern im jeweiligen Bundesland)
www.TABEA-eV.de
www.kindertrauer.de
www.notfallpaedagogik.de

www.familienhandbuch.de
www.gute-trauer.de/inhalt/trauermusik (Hörbeispiele von Musikstücken zum Thema Trauer)

Häufig finden sich zudem unter dem Stichwort »Notfallseelsorge« im jeweiligen Bundesland Hilfsangebote von Kriseninterventionsteams, schulpsychologischen Diensten und Kirchen.

Österreich
www.krisenintervention.tsn.at
www.notfallseelsorge.at

Telefonische Seelsorge
Telefonseelsorge Deutschland: 0800/111 0111 oder 0800/1110222
Nummer gegen Kummer: Telefonseelsorge für Kinder und Jugendliche: 0800/111 0333
Telefonseelsorge für Muslime: 030/443509821 www.mutes.de
Telefonseelsorge Österreich: Tel.: 142
Telefonseelsorge Schweiz – Die dargebotene Hand: Tel.: 143

Projekte

Hospiz macht Schule: www.hospizmachtschule.de
Leben bis zuletzt: www.lukas-hospiz.de
Mein Leben lang Schulprojekt: www.meinlebenlang.de
Projekte des Ökumenischen Kinder-und Jugendhospizdienstes Mannheim: www.kinderhospizdienst-mannheim.de
Ich komm als Blümchen wieder: www.quartier-bremen.de
Wie ist das mit dem Tod: www.sinnvolltrauern.de
Uns allen blüht der Tod: www.obs-neunkirchen.de
Hospiz Horn Lehrerfortbildungen: www.hospiz-horn.de
Horus Hospiz Projekte: www.horus.commas25.neusta.de
Hospiz Leverkusen: www.hospiz-leverkusen.de
KiSchu: www.katharinen-hospiz.de
GmS: Dirk Blümke: E-Mail: malteser.hospizarbeit@malteser.org
Lebensschule – Jugendliche begegnen dem Tod: www.hospiz-stmk.at
Durchkreuztes Leben – Gedenkstätten am Straßenrand: www.osthessen-news.de
Umgang mit Sterben, Tod und Trauer – Ein Konzept für Schülerinnen und Schüler der Jahrgangsstufen 9-13 www.dhpv.de
Sinus – schulische Krisenintervention: www.schulische-krisenintervention.de

Begleitende Materialien und Ausstellungen
Museum für Sepulkralkultur/Ausstellunggen/Fortbildungen/Vergissmeinnicht-koffer: www.sepulkramuseum.de
Erzähl mir was vom Tod: www.fez-kindermuseum.de

6 Dank

Ganz herzlich danken möchte ich all denen, die den Entstehungsprozess dieses Buches auf vielfältigste Weise unterstützt haben. Besonders die Trauer und die eindrücklichen Erfahrungen Jugendlicher sind es, an denen ich teilhaben, denen ich unmittelbar begegnen durfte und die mir so immer wieder neue Zugänge zum Themenkomplex eröffneten. Deshalb danke ich allen Jugendlichen sehr für ihr Vertrauen und ihre Offenheit.

Meiner Familie, meinem Mann Werner und meinen Kindern Teresa, Elena und Ruben, danke ich für ihre Liebe, Geduld, die Ermutigungen und das Mittragen auch dieses Buchprojekts. Danken möchte ich meinen Eltern, die mir in allen Zeiten meines Lebens immer ihre Zuwendung und Liebe geschenkt haben. Durch sie habe ich auch in Krisen Trost, Zuspruch und Unterstützung erfahren. Meiner Freundin Romy Kohler (Initiatorin und Leiterin des Trauerchats für Jugendliche und junge Erwachsene: www.doch-etwas-bleibt.de) danke ich für die tiefe innere sowie die fachliche Verbundenheit und das kritische Lesen des Manuskripts. Von ihr habe ich zum wiederholten Male viele wichtige Rückmeldungen bekommen.

Und zum Schluss: Es ist für mich ein wertvolles Geschenk immer wieder Dankbarkeit zu spüren. Nicht nur den Menschen gegenüber mit denen ich lebe, sondern auch dafür leben zu dürfen, Lebenserfahrungen zu machen; dafür dass das Leben nicht stagniert, sich wandelt und verändert. Diese Erkenntnis hat mir die Sicht auf mein eigenes Leben besonders auch in Krisenzeiten oft erleichtert. Ich bin dankbar für all die Menschen an meiner Seite, die mich begleiten, durch die ich Liebe, Wertschätzung, Zuverlässigkeit und liebevolle Kritik erfahre. Dankbar bin ich auch für meinen Glauben und die anderen vielfältigen Quellen der Kraft, die es mir ermöglichen meinen Lebensweg zu finden und zu gehen.

Gerne können Sie mit mir Kontakt aufnehmen. Ich freue mich darauf, von Ihnen zu hören.

Stephanie Witt-Loers – Institut Dellanima
Fortbildungen, Vorträge, Trauerberatung, Trauerbegleitung, Trauertherapie
www.dellanima.de oder Mail: info@dellanima.de
Tel. 0049-2204-4817096, Fax 0049-2204-85494